建设工程项目复工安全风险评估指南及案例分析

中国煤炭地质总局
中煤建工集团有限公司 组织编写

人民交通出版社股份有限公司
北京

内 容 提 要

建设工程项目的安全管理，其本质在于对施工安全风险的控制，防止其转化成隐患。目前，在铁路工程、公路水运工程、水利工程、煤炭开采等行业领域，工程项目在开工前对施工安全风险评估有或多或少相关规定和规范，但在建设工程领域尚无专门规定和指导性文件，对工程施工复工前开展安全风险评估，国内尚属于空白。本书参考国内相关行业领域风险评估已有的经验和成果，对建设工程复工建立一套科学、实用的施工安全风险评估方法。本书紧密结合具体案例进行分析，具有很强的实用性。

本书可供从事建设工程的各类技术与施工管理人员学习使用，也可作为相关专业及政府部门、建设单位、监理单位、施工单位等管理人员参考用书。

图书在版编目(CIP)数据

建设工程项目复工安全风险评估指南及案例分析/中国煤炭地质总局，中煤建工集团有限公司组织编写.—北京:人民交通出版社股份有限公司,2021.10

ISBN 978-7-114-17548-0

Ⅰ.①建… Ⅱ.①中… ②中… Ⅲ.①基本建设项目—安全评价 Ⅳ.①F284

中国版本图书馆 CIP 数据核字(2021)第 157249 号

Jianshe Gongcheng Xiangmu Fugong Anquan Fengxian Pinggu Zhinan ji Anli Fenxi

书　　名：建设工程项目复工安全风险评估指南及案例分析
著 作 者：中国煤炭地质总局　中煤建工集团有限公司
责任编辑：王　丹
责任校对：孙国靖　扈　婕
责任印制：张　凯
出版发行：人民交通出版社股份有限公司
地　　址：(100011)北京市朝阳区安定门外外馆斜街 3 号
网　　址：http://www.ccpcl.com.cn
销售电话：(010)59757973
总 经 销：人民交通出版社股份有限公司发行部
经　　销：各地新华书店
印　　刷：北京交通印务有限公司
开　　本：787×1092　1/16
印　　张：7.25
字　　数：161 千
版　　次：2021 年 10 月　第 1 版
印　　次：2021 年 10 月　第 1 次印刷
书　　号：ISBN 978-7-114-17548-0
定　　价：68.00 元
(有印刷、装订质量问题的图书由本公司负责调换)

编写委员会

前言
PREFACE

建设工程的安全管理,其本质在于对安全风险的控制,防止其转化成隐患。工程施工过程中,在人员、物料、管理、环境等方面的各环节不仅本身存在安全风险,相互之间也存在相互影响。依据“故障树分析法(Fault Tree Analysis,简写 FTA)”,管理上的疏忽造成某一底层环节或事物的风险失控,会传导至上层最终环节或事物的风险失控,从而引发事故。当事物正常运行中断后再运行或启动时,也是安全生产管理的关键节点,往往因风险识别不全面、控制措施不全面而造成风险失控。

建设工程具有露天作业、作业场所布置随工程进度变化快等特征,加之建设周期长,常由于气候变化、法定节假日及大型会议活动、经济问题等方面的原因,或遇到如 2020 年新冠病毒肺炎疫情这样突发公共卫生事件等而造成一定时期的停工或休工。停工时间少则数天、数周,多则数月甚至一年以上。停工期间其现场的地质基础、原有的防护设施、围护结构、机械设备尤其是其安全部件、限位设施等会因自然原因或长时间缺乏维修保养而造成功能下降甚至失效,仓促复工可能会带来无法预料的风险,甚至造成伤亡事故、财产损失。因此对项目复工环节的安全状态进行“号症把脉”和“健康体检”尤为重要。

目前,关于建设工程项目施工安全风险评估,铁路工程、公路水运工程、水利工程、煤炭开采等行业领域,在开工前对施工安全风险评估都有相关规定和规范,但有关建设工程项目复工时,在安全风险评估方面尚无专门的规定和指导文件要求。本书参考了国内相关行业领域风险评估已有的经验和成果,对建设工程复工时建立了一套科学、实用的施工安全风险评估方法,可作为施工现场参考使用。该方法以在建项目复工安全性、可行性研究为宗旨,以在建整体工程为研究对象,综合考虑复工前的工程规模、工艺复杂程度、从业人员水平及状态、机械设备状态、安全设施及材料状态、现场管控水平、施工环境(如气候、重大事件等)等因素进行量化评估,评估在建工程复工时所存在的风险,确定工程项目复工前整体安全风险等级,并提出安全风险管控措施,确保工程复工顺利进行。

本书共分两个部分:第一部分为建设工程项目复工安全风险评估指南;第二部分为建设工程项目复工安全风险评估案例分析。

本书由中国煤炭地质总局和中煤建工集团有限公司组织编写。在编写和审稿过程中，得到了交通运输部科学研究院、交通运输部公路科学研究院、中国中铁股份有限公司、中国铁建股份有限公司、北京市住房和城乡委员会施工安全处、首都经济贸易大学、中建一局发展有限公司、中建三局集团有限公司北京分公司、中交第四公路工程局有限公司、中铁北京工程局集团有限公司、北京城建集团有限责任公司、北京城建科技促进会等国内知名建筑施工企业、科研院校及地方建筑施工安全监管部门等单位专家、领导和老师的指导和帮助，在此表示衷心感谢！本书在编写过程中参阅了交通运输部发布的公路水运工程路基、桥隧、港口、巷道等工程施工安全风险评估指南的系列文件相关章节内容，在此向原作者表示敬意和感谢！本书是所有编写人员团结合作和倾心付出的结果，也凝聚了书稿各意见征求单位的智慧和辛勤劳动，在此表示深深感谢！

由于时间仓促，编者水平有限，再加之在国内建设工程施工领域关于在建工程复工安全风险评估相关参考资料很少，本书难免有疏漏和不足之处，敬请广大读者批评指正。

本书编写组

2021 年 6 月

目录

CONTENTS

Part Ⅰ　建设工程项目复工安全风险评估指南

Part Ⅱ　建设工程项目复工安全风险评估案例分析

Part Ⅰ　建设工程项目复工安全风险评估指南

1 总则

1.0.1 为指导建设工程项目(以下简称"工程")复工前的安全风险评估工作,有效排查并防治复工前的安全隐患,科学规避施工安全事故的发生,保障工程复工后的施工安全,编制本《指南》。

1.0.2 新建、改建、扩建的建设工程项目,在复工前应进行施工安全风险评估。

1.0.3 复工安全风险评估属于整体安全风险评估。

1.0.4 复工安全风险评估应根据在建工程情况及日常管控效果,选择定量的评估方法。本《指南》推荐量化的评估方法为专家调查法和指标体系法。对指标的选择及其重要性进行排序,应结合工程具体情况合理确定。

1.0.5 复工安全风险评估工作除遵守本《指南》外,还应符合相关法律、法规、标准、规范等的规定,以及项目所在地建设行政主管部门对项目复工的相关要求。

2 术语与定义

2.0.1 事故 Accident

导致工程发生人员伤亡、经济损失、环境影响、工期延误或工程耐久性降低等不利后果的事件,也可称风险事件。本《指南》重点考虑引起人员伤亡和经济损失的事故。

2.0.2 风险 Risk

某一事故发生的可能性和潜在不利后果的组合。

2.0.3 安全 Safety

免除了不可接受风险的状态。

2.0.4 隐患 Hazard or Danger

可能导致事故发生的物的不安全状态、人的不安全行为及管理上的缺陷。

2.0.5 孕险环境 Risk Surrounding

潜在发生事故的各种工程场地区域、用地环境、施工工艺及管理方案等。

2.0.6 风险源 Risk Factors

可能导致事故发生的直接因素,如自然灾害、地质条件、技术方案、作业活动、施工设备、危险物质、作业环境等,也可称为致险因素。

2.0.7 一般风险源 General Risk Factors

风险源相对简单,影响因素间关联性较低,运用一般知识与经验即可防范的风险源。

2.0.8 重大风险源 High Risk Factors

风险源相对比较复杂,存在较大的不可预见性,引发的事故严重性较大,必须从地质条件、技术方案、作业环境及管理措施等多角度进行控制和防范的风险源。

2.0.9 风险辨识 Risk Identification

通过对工程施工过程进行系统分解,找出可能存在的致险因素(风险源),调查各施工作业点、施工工序、施工环节潜在事故(风险事件)的过程。

2.0.10 风险分析 Risk Analysis

采用系统安全工程理论对风险可能导致的事故进行分析,找出可能受伤害人员、致险因素、事故原因等,确定物的不安全状态、人的不安全行为和管理上的缺陷。

2.0.11 风险估测 Risk Estimation

采用定性或定量的方法,对事故发生的可能性及严重程度进行估算,并根据风险分级标准和接受准则,对风险高低进行等级排序。

2.0.12 复工安全风险评估 Risk Assessment in Construction Safety of Work Resumption

针对工程项目复工前各项作业活动、作业环境、机械设备、危险物品、日常管控等所潜在的风险进行辨识、分析、估测,评估复工工程的安全风险等级,并提出控制措施的系列工作。

2.0.13 整体风险评估 Ensemble Risk Assessment

以在建的整个工程项目为评估对象,根据工程项目的建设规模、难易程度、人员管理、机电设备、安全设施与材料、日常管控、施工环境等多个方面和多个环节,评估工程复工存在的安全风险,确定风险等级并提出控制措施。

2.0.14 专家调查法 Expert Investigation Method

以专家作为索取信息的对象,依靠专家对建设工程的知识和经验,在现场调查的基础上,对工程项目复工的安全风险作出评估和预测的一种方法。

2.0.15 指标体系法 Index System Method

根据影响工程项目复工安全风险的主要因素,建立体现风险特征的评估指标体系,对各评估指标进行数值区间量化分级,并综合考虑各评估指标的权重系数,对工程项目复工的安全风险作出评估和预测的一种方法。

3 风险评估

3.1 一般要求

3.1.1 复工安全风险评估属于整体风险评估,在工程项目复工前实施,评估结论可作为隐患排查治理、修改施工组织设计、优化施工方案、调整施工计划的依据。

3.1.2 复工安全风险评估内容主要包括:

(1)工程规模;

(2)工程复杂性;

(3)人员管理;

(4)机电设备;

(5)安全设施与材料;

(6)日常管控;

(7)施工环境;

(8)其他特殊事项。

3.1.3 复工安全风险评估的依据主要有项目的实施性施工组织设计和施工方案的批复及变更批复文件、相关监测检测资料、评估人员的现场调查资料及相关行业标准、规范等。

3.1.4 复工安全风险评估的基本程序包括风险辨识、风险分析、风险估测、风险控制。具体流程如图 1-0-1 所示。

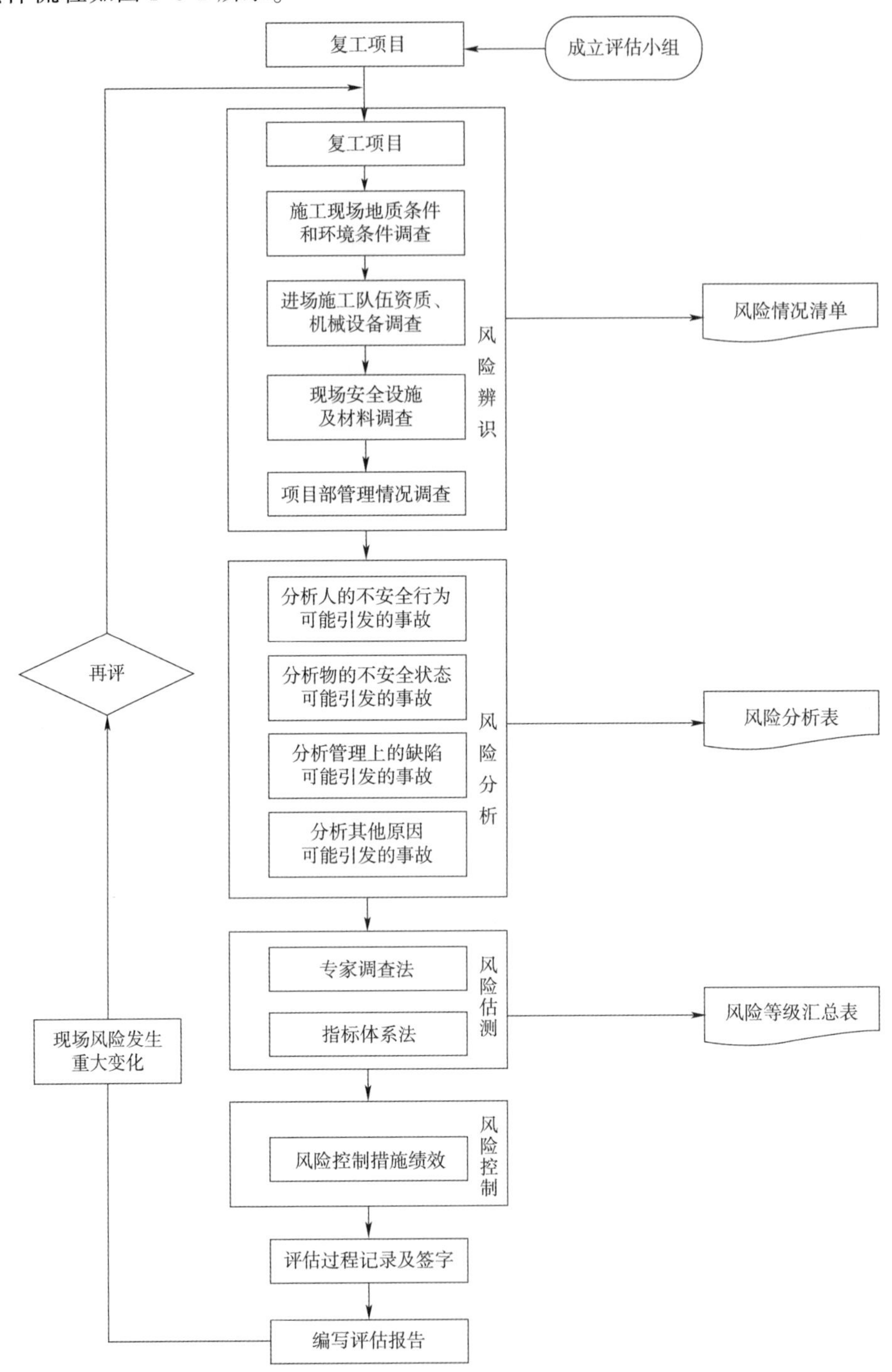

图 1-0-1　安全风险评估流程图

3.1.5　复工安全风险评估不仅考虑客观致险因素，也考虑主观因素（如人的素质、管理等）。

3.1.6　评估小组根据复工安全风险评估等级情况，明确需要重点关注的风险源，并提出管控措施。

3.2　风险辨识

3.2.1　复工安全风险辨识内容主要包括：工程资料的收集整理、施工现场地质条件和环境条件调查、进场施工队伍及作业班组素质调查、项目日常管理及绩效调查、现场机电设备调查、现有安全设施与材料调查、施工作业可能发生的风险事故类型分析等。

3.2.2　风险评估需收集、整理的相关工程资料主要包括：

(1)本工程的施工图设计文件、工程施工组织设计、施工方案等文件资料及相关审批、备案资料等。

(2)工程区域内的环境条件，包括建筑物、构筑物、管道、缆线、外电架空线路等可能造成风险事故的要素。

(3)重要设计变更资料、方案变更资料、施工记录文件、监控量测、临时设施质量检测报告。

3.2.3　施工现场地质条件和环境条件调查主要包括：

(1)地质水文条件，包括场界范围内及场界附近的地质及水文变化情况。

(2)周边环境，包括毗邻建筑物及社会功能、空中管线，以及周边环境的变化情况。

(3)基坑及承重支撑架变形破坏迹象和特征。

3.2.4　进场施工队伍及班组素质和项目日常管理及绩效调查，主要包括：

(1)项目部安全管理体系运行情况。

(2)进场施工队伍及作业班组素质，施工队伍的专业化作业能力和班组技术水平，安全文明施工既有业绩等。

(3)项目各种管理制度、安全技术交底制订及落实情况。

(4)项目前期安全工作总结及隐患整改落实情况。

3.2.5　现场机电设备调查主要包括：

(1)设备进场时资质资格审查情况。

(2)机械设备尤其是特种设备检测及登记备案情况。

(3)机械设备日常管用养修情况。

(4)设备操作人员持证情况。

(5)临时用电管理情况。

3.2.6　现有安全设施及材料的调查主要包括：

(1)现场各类脚手架系统变形情况。

(2)各类临边围护结构功能变化情况。

(3)各类支护、围护结构变形情况。

(4)高处作业等各类临边、临空防护设施安全状况。

(5)相关警示标语标识的有效性及完整性。

3.2.7　通过现场调查、评估小组讨论、专家咨询等方式，分析评估复工中可能发生的风险事故，并形成风险源辨识清单，格式见表1-0-1。

风险源辨识清单 表 1-0-1

评估内容	序号	风　险　源	可能产生的事故	判 断 依 据
工程规模 X_1	1	风险源 1		
	2	风险源 2		
	…	…		
	n	风险源 n		
…	…	…		
施工环境 X_7	1	风险源 1		
	2	风险源 2		
	…	…		
	n	风险源 n		

3.3　风险分析

3.3.1　对于物的不安全状态可能引起的事故，主要从水文地质条件、施工机械、支撑体系、围护结构、临边临空防护、施工环境等方面分析。

3.3.2　对于人的不安全行为可能引起的事故，主要从作业人员的素质及作业技能、作业行为、安全规程执行、劳动纪律遵守等方面分析。

3.3.3　对于管理上的缺陷可能引起的事故，主要从施工方案编制与审批、安全技术交底与复核、教育培训、日常管控、应急准备等方面分析。

3.3.4　在项目施工中，可能受到事故伤害的人员类型包括作业人员本身、同一作业场所的其他作业人员、周围其他人员。事故后果主要包括人员伤亡（含失踪）和直接经济损失，但不局限于这两类损失。

3.3.5　风险分析通过评估小组讨论会的形式实施，可采用风险传递路径法、鱼刺图法、故障树分析法等系统安全工程理论及方法进行分析。

3.3.6　风险分析的结果应填入表 1-0-2。

安全风险分析表 表 1-0-2

评估内容	风险源	潜在的事故类型	事故原因 1	事故原因 2	事故原因 3	其他原因 4	事 故 后 果		
			物的不安全状态	人的不安全行为	管理缺陷	其他灾难	受伤害人员类型	伤害程度	经济损失
工程规模 X_1	风险源 1								
	风险源 2								
	…								
	风险源 n								
…	…								
施工环境 X_7	风险源 1								
	风险源 2								
	…								
	风险源 n								

3.4 风险估测

3.4.1 风险估测应结合现场各风险源调查情况、潜在事故的特点等因素综合确定,采用定量的方法估测风险大小,最终确定风险等级。本《指南》推荐专家调查法和指标体系法。

3.4.2 专家调查法

3.4.2.1 专家调查法是以专家作为索取信息的对象,依靠专家对建设工程的知识和经验,在现场调查的基础上,对工程项目复工的安全风险作出评估和预测的一种方法。

3.4.2.2 采用专家调查评估时,应当成立评估专家组,专家组成员不得少于3人。专家应具备高级及以上技术职称,评估专家组负责人具有10年以上、成员需具有5年以上工程管理经验,或工程勘察、设计、施工工作经历。

3.4.2.3 专家组每个成员,首先分别从项目的工程规模、工程复杂性、人员管理、机电设备、安全设施与材料、日常管控、施工环境等7个分项,按4个风险等级分别给出各分项评定分值 R_i,即:等级Ⅳ(重大风险)($R_i=4$ 分)、等级Ⅲ(较大风险)($R_i=3$ 分)、等级Ⅱ(一般风险)($R_i=2$ 分)、等级Ⅰ(低风险)($R_i=1$ 分)。见表1-0-3。

风险分级评估判定标准 表1-0-3

分项	评估内容	风险分级特征描述	分级判定
1	工程规模	建筑面积大,建筑高度高,造价高	等级Ⅳ(重大风险)
		建筑面积较大,建筑高度较高,造价较高	等级Ⅲ(较大风险)
		建筑面积较小,建筑高度较低,造价较低	等级Ⅱ(一般风险)
		建筑面积小,建筑高度低,造价低	等级Ⅰ(低风险)
2	工程复杂性	含有3个以上超规模的危大工程,施工技术非常复杂,含有新施工工艺	等级Ⅳ(重大风险)
		含有1个以上超规模的危大工程,施工技术比较复杂,施工工艺较成熟	等级Ⅲ(较大风险)
		含有1个危大工程但未超一定规模,施工技术一般,施工工艺成熟	等级Ⅱ(一般风险)
		不含危大工程,施工技术简单,施工工艺非常成熟	等级Ⅰ(低风险)
3	人员管理	项目部人员配置短缺,专业分包能力低,进场作业人员劳动技能差	等级Ⅳ(重大风险)
		项目部人员配置不全,专业分包能力较低,进场作业人员劳动技能较差	等级Ⅲ(较大风险)
		项目部人员配置较齐全,专业分包能力较强,进场作业人员劳动技能较好	等级Ⅱ(一般风险)
		项目部人员配置齐全,专业分包能力强,进场作业人员劳动技能好	等级Ⅰ(低风险)
4	机电设备	进场设备验收通过率不到70%,无维保记录,特种设备超5类以上	等级Ⅳ(重大风险)
		进场设备验收通过率不到80%,维保记录缺失严重,特种设备3~5类	等级Ⅲ(较大风险)
		进场设备验收通过率不到90%,维保记录比较齐全,特种设备1~2类	等级Ⅱ(一般风险)
		进场设备验收基本合格,维保记录齐全完整,无特种设备	等级Ⅰ(低风险)
5	安全设施与材料	承重支撑系统开始变形,外防护架开始变形,边坡支护开始变形,临边防护结构缺失严重,警示标识缺失	等级Ⅳ(重大风险)
		承重支撑系统超过预警值,外防护架超过预警值,边坡支护超过预警值,临边防护结构部分缺失,警示标识种类不全	等级Ⅲ(较大风险)
		承重支撑系统接近预警值,外防护架接近预警值,边坡支护接近预警值,临边防护结构需要维护加固,警示标识模糊不清	等级Ⅱ(一般风险)
		承重支撑系统在监测允许范围内,外防护架在监测允许范围内,边坡支护在监测允许范围内,临边防护结构可以正常使用,警示标识种类齐全有效	等级Ⅰ(低风险)

续上表

分项	评估内容	风险分级特征描述	分级判定
6	日常管控	未设置安全管理结构，未配备专职安全管理人员，安全制度缺失，施组及方案未审批，安全教育培训记录缺失，日常检查记录缺失，应急救援预案未编制，未建立职业健康体系	等级Ⅳ（重大风险）
		安全管理结构不健全，安全管理人员配备不齐全，安全制度不健全，施组及方案审批不及时，安全教育培训记录不齐全，日常检查记录不齐全，应急救援预案不完善，职业健康体系建设不完善	等级Ⅲ（较大风险）
		安全管理结构较健全，人员配备较齐全，安全制度基本健全，施组及方案审批较及时，安全教育培训记录较齐全，日常检查记录齐全，应急救援预案较完善，职业健康体系建设基本完善运行有效	等级Ⅱ（一般风险）
		安全管理结构健全，人员配备齐全，安全制度健全，施组及方案审批及时，安全教育培训记录齐全，日常检查记录规范，应急救援预案完善，职业健康体系建设完善运行有效	等级Ⅰ（低风险）
7	施工环境	施工所在地举办国际大型会议活动，自然灾害频繁发生，突发事件一级预警，周边环境目标敏感度高且种类复杂	等级Ⅳ（重大风险）
		施工所在地举办国内大型会议活动，自然灾害多发，突发事件二级预警，周边环境目标敏感度较高且种类较复杂	等级Ⅲ（较大风险）
		施工所在地举办省级大型会议活动，自然灾害偶发，突发事件三级预警，周边环境目标敏感度较低且种类单一	等级Ⅱ（一般风险）
		施工所在地举办地方级大型会议活动，自然灾害很少，突发事件四级预警，周边环境目标敏感度很低且种类单一	等级Ⅰ（低风险）

3.4.2.4 每个专家对分项评估分值给出专家信心指数 W_i。专家信心指数可根据对评估内容的认识程度、类似工作经验、专业技术水平等给出。如认为自己的评估结果可靠，信心指数高，给出 $W_i=1$；对评估分项完全没有概念，给出 $W_i=0$；在两种情况之间，可视具体情况给出 $W_i=0\sim1$（小数点后取1位），见表1-0-4。

专家信心指数 表1-0-4

信心描述	对评估内容非常熟悉，对评估结果很有信心	对评估内容比较熟悉，对评估结果比较有信心	对评估内容有一定了解，对评估结果有一定信心	对评估内容不太了解，对评估结果基本没有信心
专家信心指数（W_i）	0.9～1	0.7～0.9	0.4～0.7	0.1～0.4

3.4.2.5 用加权平均值计算出每位专家评估结果，见表1-0-5。

专家调查法专家评估表 表1-0-5

分项	评估内容	评估分值（R_i）	信心指数（W_i）	专家评估方法
1	工程规模	R_1	W_1	（1）专家成员评定采用下列算式： $D_r=\sum(W_i\times R_i)/\sum W_i \quad (i=1\sim7)$ 式中：R_i——分项评定等级（1～4）； W_i——各专家评定信心指数； D_r——项目复工风险专家评分，评分高表示安全风险等级高
2	工程复杂性	R_2	W_2	
3	人员管理	R_3	W_3	

续上表

分项	评估内容	评估分值(R_i)	信心指数(W_i)	专家评估方法
4	机电设备	R_4	W_4	(2)专家成员风险等级评定分类采用下列界限： D_r≥3.5 等级Ⅳ(重大风险) 3.5>D_r≥2.5 等级Ⅲ(较大风险) 2.5>D_r≥1.5 等级Ⅱ(一般风险) D_r<1.5 等级Ⅰ(低风险)
5	安全设施与材料	R_5	W_5	
6	日常管控	R_6	W_6	
7	施工环境	R_7	W_7	

3.4.2.6 用算术平均数计算专家组的评估结果，即在各专家成员评定等级的基础上，将各专家成员评定的 D_r 累加再除以专家总人数得出平均值$\overline{D_r}$，并按表1-0-6划分项目复工安全风险等级。

专家调查法风险等级划分 表1-0-6

风险等级	$\overline{D_r}$	风险等级	$\overline{D_r}$
等级Ⅳ(重大风险)	$\overline{D_r}$≥3.5	等级Ⅱ(一般风险)	2.5>$\overline{D_r}$≥1.5
等级Ⅲ(较大风险)	3.5>$\overline{D_r}$≥2.5	等级Ⅰ(低风险)	$\overline{D_r}$<1.5

3.4.2.7 专家调查法风险评估流程如图1-0-2所示。

3.4.3 指标体系法

3.4.3.1 指标体系法是根据工程项目复工安全风险的主要影响因素，建立体现风险特征的评估指标体系，对各评估指标进行数值区间量化分级，并综合考虑各评估指标的权重系数，对工程项目复工的安全风险作出评估和预测的一种方法。

3.4.3.2 项目复工安全整体风险评估的指标划分为7个分项，即工程规模、工程复杂性、人员管理、机电设备、安全设施与材料、日常管控、施工环境。根据各分项的具体情况建立若干评估指标，从而建立评估体系，见表1-0-7。在对具体指标进行评估时，表1-0-7所列31个指标不一定全部参与评估，需选出比较重要的指标进行排序，一般控制在13个以内。

3.4.3.3 评估指标取值应首先由评估小组根据工程实际情况和指标分级情况，确定指标所在的分级区间，然后在分级区间的分值范围内，采用插值法等方法，集体讨论确定指标的分值。在确定指标所在的分级区间时，应遵循最不利原则，越不利的情况取值越大。

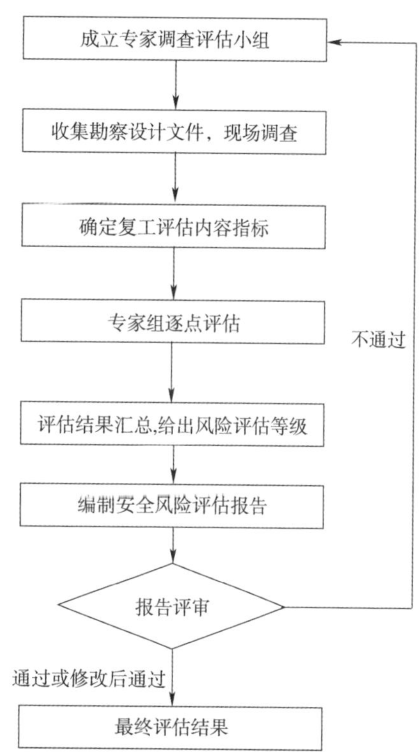

图1-0-2 安全风险评估专家调查法流程图

项目复工安全风险评估指标体系　　表 1-0-7

评估对象	评估指标	分级	基本分值(R_{ij}) 分值范围	基本分值(R_{ij}) 取值	权重系数(γ_{ij})	评估分值(X_{ij})	说明
工程规模 X_1	建筑面积或造价 X_{11}	5 万 m^2 以上	75～100 分	R_{11}	γ_{11}	$X_{11}=R_{11}\times\gamma_{11}$	工程建筑面积大，点多面广，风险存在的可能性就大
		3 万～5 万 m^2	50～75 分				
		1 万～3 万 m^2	25～50 分				
		1 万 m^2 以下	0～25 分				
	建筑造价 X_{12}	建筑总造价 1 亿元以上	75～100 分				考虑部分独特建筑如异型建筑虽面积不大，但施工难度大，施工风险高
		建筑总造价 5000 万～1 亿元之间	50～75 分				
		建筑总造价 2000 万～5000 万元之间	25～50 分				
		建筑总造价 2000 万元以下	0～25 分				
	建筑高度 X_{13}	超高层	75～100 分				建筑高度越高，风险越大，相关防护要求也越高
		高层	50～75 分				
		多层	25～50 分				
		别墅区	0～25 分				
	市政基础设施 X_{14}	工程投资额大于 2 亿元；特大桥多孔跨径长度 > 1000m 或单孔跨径长度 > 150m	80～100 分				市政工程占线长，点多面广，与外界的接触点也多，同时，市政工程除涉及桥梁、道路等地上工程，也涉及交通过水涵管、地下管线、隧洞等地下工程，潜在风险多样，需单独进行辨识、分析
		工程投资额 1 亿～2 亿元；100m ≤ 大桥多孔跨径长度 ≤ 1000m 或 40m ≤ 单孔跨径长度 < 150m	60～80 分				
		工程投资额 3000 万～1 亿元；中桥 30m < 大桥多孔跨径长度 < 100m 或 20m ≤ 单孔跨径长度 < 40m	40～60 分				
		工程投资额 1000 万～3000 万元；小桥 8m ≤ 大桥多孔跨径长度 ≤ 30m 或 5m ≤ 单孔跨径长度 < 20m	20～40 分				
		市政工程投资额 1000 万元以下；其他类型桥梁	0～20 分				

续上表

<table>
<tr><th rowspan="2">评估对象</th><th rowspan="2">评估指标</th><th rowspan="2">分　级</th><th colspan="2">基本分值(R_{ij})</th><th rowspan="2">权重系数(γ_{ij})</th><th rowspan="2">评估分值(X_{ij})</th><th rowspan="2">说　明</th></tr>
<tr><th>分值范围</th><th>取值</th></tr>
<tr><td rowspan="12">工程复杂性 X_2</td><td rowspan="4">危大工程方面 X_{21}</td><td>含5个以上超一定规模危大工程</td><td>75~100分</td><td rowspan="4"></td><td rowspan="4"></td><td rowspan="4"></td><td rowspan="4">分别考虑危大工程以及超过一定规模的危大工程数量</td></tr>
<tr><td>1~5个超一定规模危大工程</td><td>50~75分</td></tr>
<tr><td>有危大工程但未超一定规模</td><td>25~50分</td></tr>
<tr><td>无危大工程但施工较复杂</td><td>0~25分</td></tr>
<tr><td rowspan="4">施工技术复杂程度 X_{22}</td><td>施工技术非常复杂</td><td>75~100分</td><td rowspan="4"></td><td rowspan="4"></td><td rowspan="4"></td><td rowspan="4">综合考虑施工技术复杂程度</td></tr>
<tr><td>施工技术较复杂</td><td>50~75分</td></tr>
<tr><td>施工技术复杂程度一般</td><td>25~50分</td></tr>
<tr><td>施工技术不复杂</td><td>0~25分</td></tr>
<tr><td rowspan="4">工艺成熟度 X_{23}</td><td>新工艺国内首次使用</td><td>75~100分</td><td rowspan="4"></td><td rowspan="4"></td><td rowspan="4"></td><td rowspan="4">综合考虑“四新”技术有无借鉴经验</td></tr>
<tr><td>工艺较成熟,国内有相关应用</td><td>50~75分</td></tr>
<tr><td>工艺技术成熟,市场应用广泛,企业首次应用</td><td>25~50分</td></tr>
<tr><td>工艺技术成熟,企业多次应用</td><td>0~25分</td></tr>
<tr><td rowspan="4">人员管理 X_3</td><td rowspan="4">项目部人员配置及管理水平 X_{31}</td><td>项目部管理人员配备严重不足;人员整体水平低、无管理业绩;项目经理无执业经验</td><td>75~100分</td><td rowspan="4"></td><td rowspan="4"></td><td rowspan="4"></td><td rowspan="4">主要考虑项目部管理水平尤其是项目经理信用指标能力及实际从业经验和现场管控水平,项目部管理人员配置、整体素质及管理业绩</td></tr>
<tr><td>项目部管理人员配备不全;人员整体水平较低及管理业绩一般;项目经理有执业经验,但无类似项目执业经验</td><td>50~75分</td></tr>
<tr><td>项目部管理人员配备较齐全;人员整体水平较高及管理业绩较明显;项目经理有类似项目执业经验1~2项</td><td>25~50分</td></tr>
<tr><td>项目部管理人员配备齐全;人员整体水平高及管理业绩明显;项目经理有类似项目执业经验3项以上</td><td>0~25分</td></tr>
</table>

续上表

<table>
<tr><th rowspan="2">评估对象</th><th rowspan="2">评估指标</th><th rowspan="2">分　级</th><th colspan="2">基本分值(R_{ij})</th><th rowspan="2">权重系数(γ_{ij})</th><th rowspan="2">评估分值(X_{ij})</th><th rowspan="2">说　明</th></tr>
<tr><th>分值范围</th><th>取值</th></tr>
<tr><td rowspan="8">人员管理 X_3</td><td rowspan="4">劳务/专业分包单位人员配置及管理水平 X_{32}</td><td>各级管理人员配备差、特种作业人员证件部分无效,现场管理业绩较差</td><td>75～100 分</td><td rowspan="4"></td><td rowspan="4"></td><td rowspan="4"></td><td rowspan="4">主要考虑劳务分包单位资质情况,管理人员配置情况、特种作业人员情况以及管理业绩、履约能力等</td></tr>
<tr><td>各级管理人员配备不全、特种作业人员证件部分过期,现场管理业绩一般</td><td>50～75 分</td></tr>
<tr><td>各级管理人员及特种作业人员证件基本齐全、有效,现场管理业绩比较显著</td><td>25～50 分</td></tr>
<tr><td>各级管理人员及特种作业配备齐全有效,现场管理业绩显著</td><td>0～25 分</td></tr>
<tr><td rowspan="4">进场作业班组人员配置及劳动水平 X_{33}</td><td>各工种配置差,作业劳动技能差</td><td>75～100 分</td><td rowspan="4"></td><td rowspan="4"></td><td rowspan="4"></td><td rowspan="4">主要考虑班组中各工种配备情况、作业人员业务素质和劳动技能</td></tr>
<tr><td>相关工种配备较差,作业人员劳动技能较差</td><td>50～75 分</td></tr>
<tr><td>各工种配备较齐全,作业人员劳动技能一般</td><td>25～50 分</td></tr>
<tr><td>各工种配备齐全,作业人员劳动技能较高</td><td>0～25 分</td></tr>
<tr><td rowspan="16">机电设备 X_4</td><td rowspan="4">设备进场验收 X_{41}</td><td>未验收率超过 90%</td><td>75～100 分</td><td rowspan="4"></td><td rowspan="4"></td><td rowspan="4"></td><td rowspan="4">本质安全评估指标,考虑设备设计上的缺陷、质量安全以及淘汰、禁用设备带来的安全风险</td></tr>
<tr><td>未验收率 50%～90%</td><td>50～75 分</td></tr>
<tr><td>未验收率 30%～50%</td><td>25～50 分</td></tr>
<tr><td>未验收率 0%～30%</td><td>0～25 分</td></tr>
<tr><td rowspan="4">管理,级用、维修、保养、简称“管、用、养、修”X_{42}</td><td>无维修保养记录</td><td>75～100 分</td><td rowspan="4"></td><td rowspan="4"></td><td rowspan="4"></td><td rowspan="4">考虑临电系统、机械设备缺乏维保,零部件损耗带来的安全风险</td></tr>
<tr><td>维管率 0%～30%</td><td>50～75 分</td></tr>
<tr><td>维管率 30%～75%</td><td>25～50 分</td></tr>
<tr><td>维管率 75%～100%</td><td>0～25 分</td></tr>
<tr><td rowspan="4">特种设备种类复杂度 X_{43}</td><td>6 类以上特种设备</td><td>75～100 分</td><td rowspan="4"></td><td rowspan="4"></td><td rowspan="4"></td><td rowspan="4">考虑行业内特种设备事故频发、严重性,不同设备共用,其潜在的多种事故风险性</td></tr>
<tr><td>4～6 类特种设备</td><td>50～75 分</td></tr>
<tr><td>2～4 类特种设备</td><td>25～50 分</td></tr>
<tr><td>2 类以下特种设备</td><td>0～25 分</td></tr>
<tr><td rowspan="4">特种设备使用规模 X_{44}</td><td>占设备总量 30% 以上</td><td>75～100 分</td><td rowspan="4"></td><td rowspan="4"></td><td rowspan="4"></td><td rowspan="4">考虑行业内特种设备事故严重性、频发性,占比越高,事故风险点越多,管控难度越大</td></tr>
<tr><td>占设备总量 20%～30%</td><td>50～75 分</td></tr>
<tr><td>占设备总量 10%～20%</td><td>25～50 分</td></tr>
<tr><td>占设备总量 10% 以下</td><td>0～25 分</td></tr>
</table>

续上表

评估对象	评估指标	分级	基本分值(R_{ij}) 分值范围	取值	权重系数(γ_{ij})	评估分值(X_{ij})	说明
安全设施与材料X_5	承重支撑系统X_{51}	开始变形	75～100分				根据承重体系受力计算书以及现场检测情况确定
		超过预警值接近变形	50～75分				
		接近预警临界值	25～50分				
		在监测允许范围内	0～25分				
	外防护脚手架系统X_{52}	开始变形	75～100分				根据施工方案中确定的动静荷载变化，以及受力构件、连墙件等的变化情况判定
		超过预警值接近变形	50～75分				
		接近预警临界值	25～50分				
		在监测允许范围内	0～25分				
	边坡支护结构X_{53}	开始变形	75～100分				根据边坡开挖、支护措施，以及边坡失稳监测预警值确定
		超过预警值接近变形	50～75分				
		接近预警临界值	25～50分				
		在监测允许范围内	0～25分				
	各类临边围护结构及防护设施X_{54}	接近破坏，不能正常使用	75～100分				检查各类围护设施，包括高处作业防护、基坑临边防护、“四口五临边”防护设施措施等是否齐全、有效
		不能正常使用，需要加固	50～75分				
		功能正常，需稍微维护	25～50分				
		功能良好，基本能正常使用	0～25分				
	相关警示标识X_{55}	缺少标牌及相关标识	75～100分				安全通道、危险作业区域、临近危险区域等相关标识是否齐全、清晰、正确
		种类不全，标牌损坏	50～75分				
		标识种类存在遗漏，标牌模糊	25～50分				
		标识种类齐全，基本清晰	0～25分				
日常管控X_6	项目安全管理机构建立情况X_{61}	未按规定设置安全管理机构，配备专职安全管理人员	75～100分				专门安全管理机构是安全管理体系运行的组织保证
		安全管理机构不完善，人员设置不合理	50～75分				
		安全管理机构设置较为合理，基本满足项目需要	25～50分				
		安全管理机构设置合理，与项目相匹配	0～25分				

续上表

评估对象	评估指标	分级	基本分值(R_{ij}) 分值范围	基本分值(R_{ij}) 取值	权重系数(γ_{ij})	评估分值(X_{ij})	说明
施工环境 X_7	气候条件 X_{72}	极端气候事件(如强风、强暴雨雪等)频发区域	75~100分				主要考虑风荷载、雪荷载对支撑结构、支撑基础以及外防护架等的影响
		极端气候事件多发区域	50~75分				
		极端气候事件偶发区域	25~50分				
		气候条件较好,基本不影响施工安全	0~25分				
	自然灾害 X_{73}	自然灾害频繁发生	75~100分				自然灾害此处主要指洪水、泥石流、崩塌、滑坡等,施工区域自然灾害多发季节取大值
		自然灾害多发	50~75分				
		自然灾害偶发	25~50分				
		自然灾害很少	0~25分				
	公共卫生、社会治安等突发事件 X_{74}	突发事件一级预警	75~100分				主要考虑项目所在因发生社会治安时间、地方传染病或流行病等对卫生防疫、社会治安的特殊要求,以及不同预警等级所带来的不同风险
		突发事件二级预警	50~75分				
		突发事件三级预警	25~50分				
		突发事件四级预警	0~25分				
	敏感目标 X_{75}	周边环境目标敏感度高且种类复杂	75~100分				综合考虑项目周边各类环境敏感目标的分布情况及功能区划、敏感程度等情况
		周边环境目标较敏感高且种类较复杂	50~75分				
		周边环境目标敏感度低且种类较单一	25~50分				
		周边环境目标敏感度一般且种类单一	0~25分				
	工期要求 X_{76}	按照合同工期的70%组织施工	75~100分				综合考虑在不同工期进度要求下,制订赶工计划时,对安全生产造成的不同影响
		按照合同工期的80%组织施工	50~75分				
		按照合同工期的90%组织施工	25~50分				
		基本按照合同工期组织施工	0~25分				

3.4.3.4 将各评估指标按重要性从高到低顺序进行排序。可采用权重系数对各评估指标重要性进行区分，权重系数可运用重要性排序法、层次分析法、复杂度分析法等多种方法进行确定。本《指南》推荐“按评估指标重要性排序确定权重取值”的方法即重要性排序法，计算公式见式(1-0-1)。

$$\gamma = \frac{2n - 2m + 1}{n^2} \tag{1-0-1}$$

式中：γ——权重系数；

n——评估指标(重要指标)项数；

m——重要性排序号，$m \leqslant n$。

3.4.3.5 项目复工整体安全风险按式(1-0-2)、式(1-0-3)计算确定：

$$F = \sum X_{ij} \tag{1-0-2}$$

$$X_{ij} = R_{ij}\gamma_{ij} \tag{1-0-3}$$

式中：X_{ij}——评估指标的分值，$i = 1,2,3,4,5,6,7$；$j = 1,2,\cdots,n$。n 为对应第 i 类评估指标包括重要指标的数量。

R_{ij}——评估指标的基本分值；

γ_{ij}——评估指标的权重系数。

计算得出 F 值后，对照表 1-0-8 确定工程项目复工安全风险等级。

指标体系法安全风险等级划分 表 1-0-8

风险等级	F	风险等级	F
等级Ⅳ(重大风险)	$F>60$	等级Ⅱ(一般风险)	$30<F\leqslant45$
等级Ⅲ(较大风险)	$45<F\leqslant60$	等级Ⅰ(低风险)	$F\leqslant30$

注：根据评估项目具体情况，结合地区经验，可对表 1-0-8 的数值区间进行适当调整。

3.4.3.6 指标体系法安全风险评估的工作流程如图 1-0-3 所示。

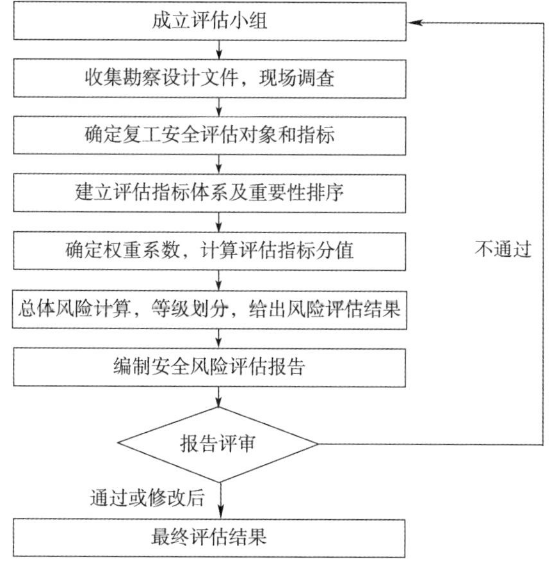

图 1-0-3 安全风险评估指标体系法流程图

3.4.4 对同一复工工程项目可以采用不同的风险评估方法进行评估验证。当评估结论不同时,按照就高的原则确定风险等级。

4 风险控制

4.1 一般要求

4.1.1 根据风险评估结果与接受准则,提出风险控制对策见表1-0-9。

风险接受准则与控制对策 表1-0-9

风险等级	接受准则	控制对策
等级Ⅰ(低风险)	可忽略	不需采取特别的风险防控措施
等级Ⅱ(一般风险)	可接受	应采取风险防控措施,严格日常安全生产管理,加强现场巡视
等级Ⅲ(较大风险)	不期望	必须采取措施降低风险,降低风险的成本不宜高于风险发生后的损失
等级Ⅳ(重大风险)	不可接受	必须高度重视,采取切实可行的规避措施并加强监测,否则要不惜代价将风险至少降低到不期望的程度

4.1.2 根据不同的风险等级提出分级管控措施,实施现场管理和监控预警。各等级风险管控措施建议见表1-0-10。

风险分级管控措施 表1-0-10

风险等级	分级管控措施			
等级Ⅰ(低风险)	日常管理			
等级Ⅱ(一般风险)	日常管理	监控预警	部分专项整治	
等级Ⅲ(较大风险)	日常管理	监控预警	全面专项整治	应急准备
等级Ⅳ(重大风险)	日常管理	监控预警	暂停施工、全面专项整治	应急准备

4.2 风险控制措施

4.2.1 复工安全风险评估应提出风险控制措施建议。

4.2.2 提出的主要控制措施建议,重点应包括制度建设、日常管理和技术方面控制风险的措施。

4.2.3 针对工程复工风险事件的原因,复工前可采取的风险控制措施,包括调整施工方案、提高从业人员的素质、加强基础管理、强化隐患排查与治理、加强监测预警和应急准备等措施。

4.2.4 调整施工方案,主要包括合理调整施工顺序和改进施工工艺。

(1)合理调整施工顺序,即为了减少和控制复工过程发生风险事件,对施工工序从时间顺序和空间次序上进行合理安排或调整。

(2)改进施工工艺,即从施工方法、工艺参数上改进,减少和控制施工过程发生风险事件。

4.2.5 提高从业人员的素质,包括加强管理人员业务学习、严格作业队伍及班组资格资质审查、加强作业人员安全教育培训和操作技能培训。

(1)加强管理人员业务学习,即加强项目部管理人员安全法律法规和标准规范、安全知识、管理制度的学习,提升项目部整体安全管理水平。

(2)严格作业队伍及班组资格资质审查,即要求进场施工队伍安全许可、从业资质完备有效,有一定的业绩;作业班组安全意识较强、施工经验丰富、劳动技能高。

(3)加强作业人员安全教育培训和操作技能培训,即完善现场作业人员进场三级教育,强化岗前、岗中安全培训;变换工种以及采用"四新"施工时及时进行安全培训;规范特种设备作业人员及特殊作业人员证件管理及技能培训;提高作业人员劳动技能,强化作业人员安全意识,杜绝或遏制人的不安全行为引起的风险事件。

4.2.6 完善基础管理,主要包括规范安全管理机构设立、建立健全安全管理制度、规范安全专项施工方案和安全技术交底、规范各类活动记录等。

(1)规范设立安全管理机构,即按规定设置安全管理机构、配备专职安全管理人员,安全管理机构内部职责分工明确。

(2)建立健全安全管理制度,即建立健全符合国家、地方以及行业要求的包括安全生产责任制在内的项目各项安全管理制度,制度内容要全面、科学合理,符合项目实际情况;按照管理层级签订安全生产责任书并进行考核;制订项目安全管理目标并进行分解,建立安全管理目标考核制度并进行考核。

(3)规范安全专项施工方案和安全技术交底,即施工组织设计中要制订安全技术措施,对危险性较大的分部分项工程编制安全专项施工方案,对超过一定规模危险性较大的分部分项工程专项施工方案进行专家论证;建立各工种安全技术操作规程,进行书面安全技术交底。

(4)完善职业健康基础管理,即辨识分析施工中的职业卫生危害因素并建立清单,对直接接触危害人员配备符合要求的劳动保护用品并按规定发放至作业工人;项目部食堂要有食品经营许可证,项目炊事人员要经健康体检,其健康证在食堂公示;要制订地方病、传染病、食物中毒、急性职业中毒等突发疾病应急预案。

(5)规范各类活动记录,即教育培训、技术交底、隐患排查、施工方案编制与审批等每个环节都要有过程记录和相应的影像资料。

4.2.7 强化隐患排查与治理,主要包括风险源辨识与分析,隐患排查与治理,重大事故隐患专项整治等。

(1)风险源辨识与分析,即建立风险源辨识与评价制度;结合工程进展情况,及时开展风险源标识与评价,并建立风险源动态清单。

(2)隐患排查与治理建立,即建立安全生产检查以及生产安全事故隐患排查治理制度,按照制度规定进行项目安全检查,检查记录签字手续齐全;事故隐患定人、定时间、定措施进行整改;安全隐患整改复查及时;建立违章处理登记台账等。

(3)重大隐患专项整治,即对重大隐患,编制专项整治方案,在资金、措施、人员、预案等到位情况下及时进行整治。

4.2.8 加强监测预警,主要包括对承重支撑架的变形观测、各类脚手架以及围护结构的变形观测、对边坡支护的沉降观测、对地下水位的观测、对附近构筑物及地下管线等的观测、对特种设备的观测等,并经受力计算设置预警值。

(1)承重支撑架的变形观测预警,即对楼(地)板、桁架等承重支撑架的架体、基础的变形情况进行观测，将变形量控制在预警值范围内。

(2)各类脚手架及围护结构的变形观测预警，即对钢管脚手架、工具式脚手架等的架体、连墙件等的变形情况进行观测，将变形量控制在预警值范围内；对临边、临空防护设施的安全性能进行检查，必要时进行检测。

(3)对边坡支护的沉降观测预警，即对边坡开挖及支护工程的变形情况进行观测，将变形量控制在预警值范围内。

(4)对地下水位的监测，即监测地下水位的变化情况，以及地下水位对边坡稳定、建筑基础桩基及底板上浮的影响，将变形量控制在预警值范围内。

(5)对附近构筑物及地下管线等的变形观测预警，即观测地下构筑物、道路、地下水、电、气、光缆等管网的变形及沉降影响，将变形量控制在预警值范围内。

(6)对特种设备的观测，即对塔吊、升降机等垂直度、基础、连墙件等变形情况进行检测和观测，将变形量控制在预警值范围内。

4.2.9 应急准备，主要包括应急预案编制、应急物资、应急演练等方面。

(1)应急预案，即项目综合应急预案、专项应急预案和现场处置方案应具有科学性和可行性，审批手续齐全并按要求备案，对专兼职应急人员不定期进行培训等。

(2)应急物资方面，即应急各类物资、设备种类齐全并且有效，清单明晰，维护得当。

(3)应急演练，即按照规定不定期开展各类应急演练，并对演练情况进行评估，对应急预案进行修订完善等。

(4)应急联动，即与项目所在地专业救援队伍或力量的联动机制建立情况。

5 风险评估报告

5.1 一般要求

5.1.1 风险评估报告是施工安全风险评估过程的记录，应反映风险评估过程的全部工作，将风险评估过程中的记录表格、采用的评估方法、获得的评估结果、推荐的控制措施等写入评估报告中。

5.1.2 风险评估报告应内容全面，文字简洁，数据完整，客观公正，提出的风险控制措施具有可操作性。

5.1.3 复工风险评估的最终报告，应作为工程项目竣工文件进行归档管理。

5.2 风险评估报告编制内容

5.2.1 编制依据

(1)项目风险管理方针及策略。

(2)相关的国家、地方和行业标准、规范。

(3)项目施工组织设计、各类施工方案及其变更批复资料。

(4)地方行业主管部门、建设单位相关要求。

(5)现场调查资料。

5.2.2　工程概况

(1)工程简介。

(2)复工前形象进度。

(3)剩余工程安全重点及难点。

(4)工程采取的主要施工方案。

5.2.3　评估过程和评估方法

5.2.4　评估内容

5.2.5　评估结论

5.2.6　对策措施及建议

(1)风险等级。

(2)风险控制措施建议。

(3)评估结果自我评价及遗留问题说明。

5.2.7　附件

5.3　风险评估报告格式

(1)封面(包括评估项目名称、报告完成日期、评估组长签名)。

(2)著录项(评估人员名单,并应亲笔签名)。

(3)目录。

(4)编制说明。

(5)正文。

(6)附件。

5.4　风险评估报告评审

5.4.1　复工安全风险评估报告编制完成后,应组织专家评审。

5.4.2　复工安全风险评估报告由工程总承包单位或代建单位组织专家审查。评审专家组不得少于5人,专家应由建设、设计、勘察、监理、施工等单位具有建设工程勘察、设计、施工管理经验的人员组成。评估小组根据专家评审意见对评估报告进行修改,形成最终报告。

5.4.3　风险评估报告评审通过后应向项目建设单位报备。当风险评估等级达到Ⅳ级(重大风险)时,建设单位应组织专家论证。

附录　本指南用词说明

执行本指南条文时,对于要求严格程度的用词说明如下,以便于在执行中区别对待。

(1)表示很严格,非这样做不可的用词:

正面词采用"必须";反面词采用"严禁"。

(2)表示严格,在正常情况均应这样做的用词:

正面词采用"应";反面词采用"不应"或"不得"。

(3)表示允许稍有选择,在条件许可时首先应这样做的用词:

正面词采用"宜"。

反面词采用"不宜"。

表示有选择,在一定条件下可以这样做的,采用"可"。

附件　本指南条文说明

本条文说明是对重点条文的编制依据、执行中应注意的事项等予以说明，未包含全部条文。为了减少篇幅，只列条文号，未抄录原文。

1　总则

1.0.2　本《指南》评估内容仅考虑工程项目复工前的现场状况，从现场的工程概况及人、机、料、法、环等方面的现状进行评估，因此本《指南》仅针对工程复工前的状况。

1.0.3　复工安全风险评估是一种整体安全评估，是以现场在建整体项目为评估对象，在项目复工前进行“安全体检”，评估工程项目的安全风险，确定风险等级并提出控制措施，为修改施工组织设计和完善相关施工方案提供依据，从风险的源头进行管控，防止复工后发生突发事件。

复工风险评估责任单位是施工总承包单位，但考虑到工程项目在专业上具有特殊性和复杂性，当在施工总承包单位自行组织评估小组困难时，可委托第三方（具有风险评估经验的专业评估机构）完成。

1.0.4　在评估工作中，指标体系的建立应作为一个独立的工作步骤。指标体系法的关键，是指标的选择及其重要性排序，其决定了评估结果的准确性和可靠性，评估小组应慎重对待。一经合理确定，不宜随意改动。

3　风险评估

3.1　一般要求

3.1.2　复工前的安全风险评估，是对项目安全风险的一个整体评估，主要从物的不安全状态、人的不安全行为、管理上的缺陷等三方面着手，既有工程本身的潜在风险，也有施工过程中因采取不同的工艺、不同的施工队伍、不同的管理等带来的风险。因此评估的内容主要从人、机、料、法、环等方面，对在建工程安全管理体系运行情况和安全生产条件进行整体评估。

3.1.3　复工安全风险评估尽可能收集原有的勘察设计、施工管理资料，依据现行的相关规范外，现场调查是重要的工作内容，评估小组应对在建工程地质水文条件、周边环境条件、工程进度、风险源情况以及项目停（休）工前的安全管理状况和效果进行全面调查。

3.2　风险辨识

3.2.1　风险辨识不仅要考虑施工的工艺工序，更要调查现场管理、周边环境、从业人员（含管理人员和作业人员）素质和技能，以及现场既有的安全设施、措施以及警示标识的功能完整性和性能有效性，同时还要查看施工记录及施工过程中的相关检测、监测资料。

3.2.7　根据《企业职工伤亡事故分类》（GB 6441—1986）中 20 个事故类型，分析每种风险源可能引发的一种或多种事故类型，并列出清单。

3.3 风险分析

3.3.1 物的不安全状态引起的风险事故分析可从以下几个方面考虑：

(1)水文地质条件变化,主要分析设计文件中所依据的地质资料和现场随着开挖深度增加所揭露的实际地质情况变化。当地质条件变化较大时,原工程措施可能不当、不足,从而产生较大的施工安全风险。同时,随着开挖深度加大,或长时间停休工抽排水措施不力,导致地下水文变化,也会产生较大的施工安全风险。

(2)机电设备,主要分析工程项目施工所用的土方开挖与装运、边坡钻孔支护、钢筋制作加工、混凝土浇筑、起重吊装、焊接等可能造成安全事故的施工机械设备,以及现场临时用电等。

(3)支撑体系与围护结构,主要分析现场承重支撑体系的材料质量有效性、架体变化情况、监控量测数据,施工中可能遇到的有毒有害、易燃易爆等物质,临边防护等围护结构的完整性及有效性。

(4)施工环境方面存在的风险源,主要调查和分析施工场地周边的建筑物、构筑物、架空管道(油、气、水)和各种缆线等可能造成安全事故的外部环境。

(5)自然灾害,主要分析生产、生活区域可能受到暴雨、洪水、泥石流、雷电、冰雹、大风、雨雪、地震等突发自然灾害造成的风险。

3.3.2 人的不安全行为引起的风险事故分析

(1)操作错误,主要包括不按设计文件和施工组织要求的顺序施工,不按安全技术交底施工,偷工减料、偷工减序、设备操作错误、易燃易爆品操作不当、多人配合作业不协调、空中抛掷物件、材料工具存放不当、攀援架体上下等。

(2)违反安全规程,主要包括高处作业没有个人安全防护用品(如安全带、安全帽、安全网等),设备带病运转不维修,设备外露旋转部分不加防护罩,坑井洞口防护设施破损或缺失不及时修护,边坡安全监测及承重体系变形监测不到位等。

3.3.3 管理缺陷引起的风险事故分析

(1)制度管理,主要包括未设置专门安全管理机构,安全管理人员配备不足,安全管理责任制未落实,安全培训不到位,安全投入不足,事故应急预案不完善,现场处置方案不具有针对性等。

(2)现场管理,主要包括现场安全巡查走形式,安全隐患查处不全面、留有死角,事故应急处理措施不力等。

(3)施工方案和安全技术交底,主要包括分析工程项目所有的分项工程施工方法和工艺是否与现场实际工况相符、相互间的施工工序与衔接是否合理,安全技术交底是否有针对性,交底内容是否科学、可行等。

3.3.5 风险分析方法

(1)风险传递路径法

工程项目施工安全管理失误的风险传递路径,如附图 1-0-1 所示。

针对工程项目施工的特点,对工程项目施工安全管理失误风险传递路径细化,可知:风险从原因事件向结果事件传递,其表现形式由最初单一的、确定的管理失误(D)分化到若干不同的危险形态（H_1、H_2、…、H_n）并导致事故发生，最终发展到多样的、程度不一的伤害（I_{111}、I_{112}、…、I_{nnn}）。工程项目施工安全风险传递路径细化如附图 1-0-2 所示。

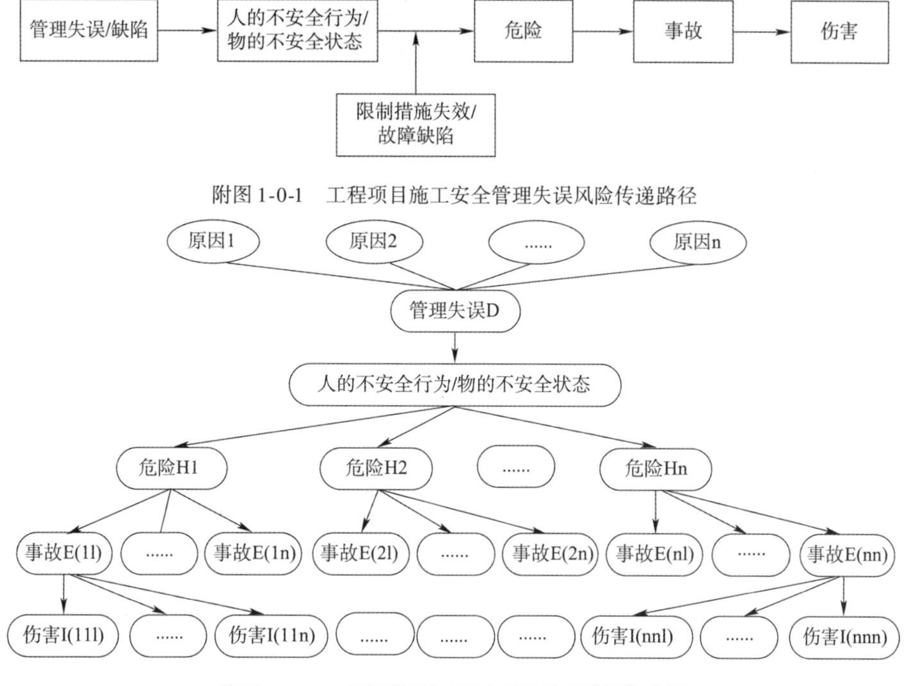

附图 1-0-1 工程项目施工安全管理失误风险传递路径

附图 1-0-2 工程项目施工安全风险传递路径细化图

（2）鱼刺图法

鱼刺图法是把系统中产生事故的原因及造成的结果所构成的因果关系，采用简单的文字和线条加以全面表示的方法。由于表现图的形状像鱼刺，故称“鱼刺图”，如附图 1-0-3 所示。

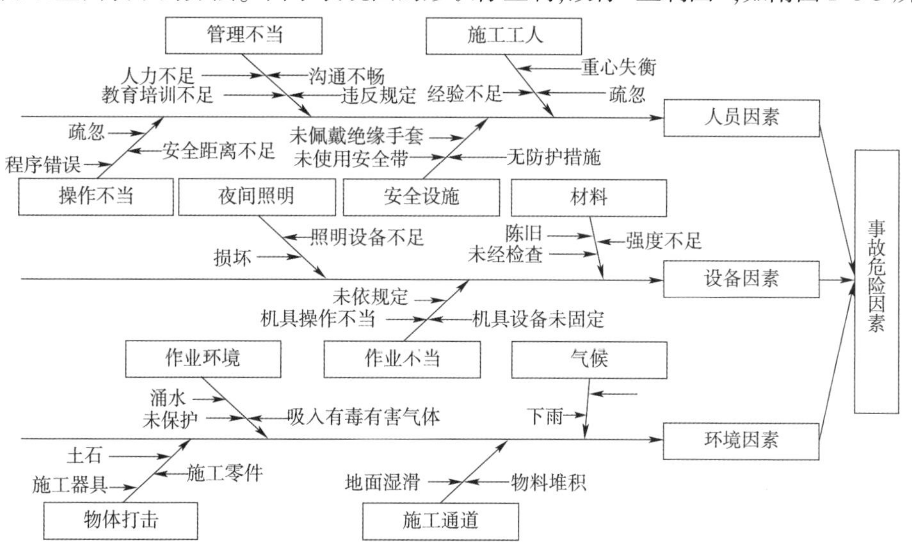

附图 1-0-3 工程项目施工安全风险鱼刺图法

制作鱼刺图分两个步骤：分析问题的原因及结构；绘制鱼刺图。

①分析问题原因及结构

a. 针对问题点,选择层别方法(如人、机、料、法、环等)。

b. 按头脑风暴分别对各层别找出所有可能原因(因素)。

c. 将找出的各因素进行归类、整理,明确其从属关系。

d. 分析选取重要因素。

e. 检查各要素的描述方法,确保语言简明、意思明确。

②鱼刺图绘制过程

a. 填写鱼头(要解决的问题)。

b. 画出主骨(影响结果主要概况因素)。

c. 画出大骨,填写大要因。

d. 画出中骨、小骨,填写中小要因。在绘制鱼刺图时,应召集建设、施工、监理、第三方评估单位(如有)等相关人员共同分析,将所要解决问题遵从面—线—点依次细化。

(3)故障树分析法

故障树就是将系统的失效事件(称为顶上事件)分解成许多子事件的串、并联组合。在系统中各个基本事件的失效概率已知时,沿故障树图的逻辑关系逆向求解系统的失效概率。故障树是一种特殊的树状逻辑因果关系图,它用规定的逻辑门和事件符号描述系统中各种事物之间的关系。故障树的编制要求分析人员十分熟悉工程系统情况,包括工作程序、各种参数、作业条件、环境影响因素及过去常发事故情况等。

故障树解决问题的步骤如附图 1-0-4 所示。

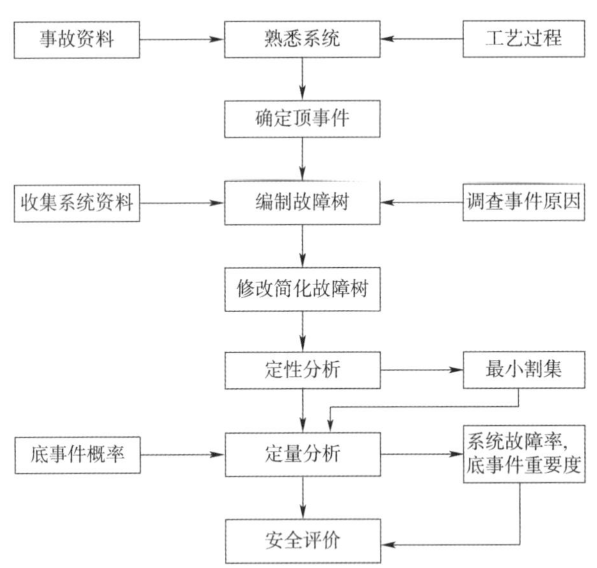

附图 1-0-4　故障树分析流程图

故障树的绘制如附图 1-0-5 所示。要分析的对象即为顶上事件(施工安全事故),按逻辑关系可向下罗列顶上事件发生的一级条件及原因(工程项目事故),一级是条件及原因转换为一级事件,再向下罗列二级事件及原因(A_1、A_2、…、A_n 及 B_1、B_2、…、B_n),依次类推直至事故的基本事件(A_{11}、A_{12}、…、A_{nn}及 B_{11}、B_{12}、…、B_{nn})。现阶段主要以定性评估为主。

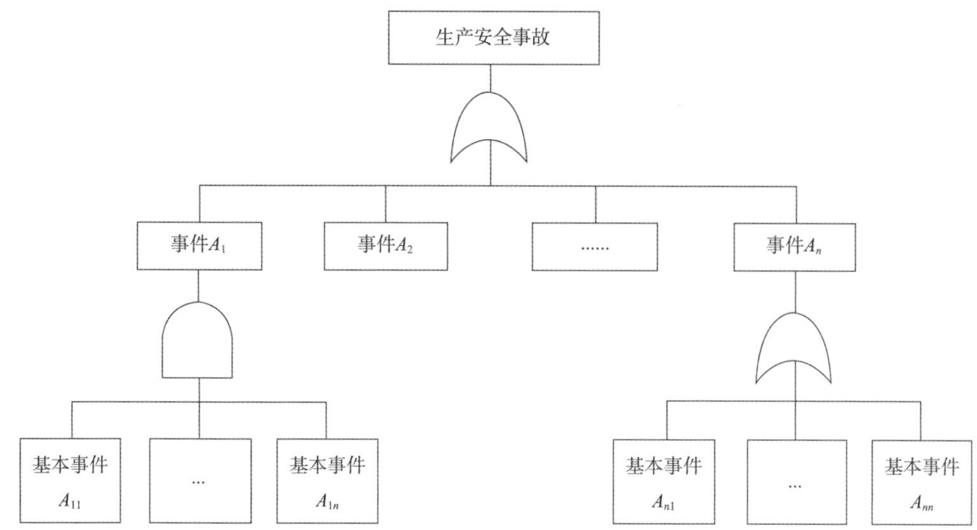

附图 1-0-5 工程项目故障树

故障树符号意义可参考《故障树名词术语和符号》(GB/T 4888—2009)

3.4 风险估测

3.4.1 风险大小 = 事故发生可能性 × 事故后果严重程度。“ × ”表示事故发生可能性和事故后果严重程度的组合。风险估测的方法很多,一般根据风险源的大小选择不同的方法。对一般风险源的风险估测,一般开展定性评估,提出风险控制要求。如检查表法、作业条件危险性评价法等,这类方法主要适用于某个具体工序或环节的作业环境的风险估测。

作业条件危险性评价法(LEC 法)是根据作业人员在具有潜在危险性环境中作业,以影响作业条件危险性的因素进行评价的方法。作业条件危险性评价法的评价步骤如下:

(1)组成专家组。

(2)对于一个具有潜在危险性的作业条件,确定事故类型,找出影响危险性的主要因素,其中:L 为事故发生的可能性;E 为人员暴露于危险环境的频繁程度;C 为发生事故可能造成的后果。

(3)由专家组成员按规定标准对 L、E、C 分别评分,取分值的算术平均值作为 L、E、C 的计算分值。用计算的危险性分值(D)来评价作业条件的危险性等级。其计算公式为:

$$D = L \times E \times C$$

式中:L——事故发生的可能性大小,取值见附表 1-0-1;

E——人员暴露于危险环境的频繁程度,取值见附表 1-0-2;

C——发生事故可能造成的后果,取值见附表 1-0-3;

D——危险性分值,确定危险等级的划分标准见附表 1-0-4。

一般情况下,事故发生的可能性越大,风险越大;暴露危险环境的频繁程度越大,风险越大;事故产生的后果越大,风险越大。运用作业条件危险评价分析法进行分析时,危险等级为 1 ~ 2 级的,可确定为属于可接受的风险;危险等级为 3 ~ 5 级的,则确定为属于不可接受的风险。

事故发生的可能性分值 L 附表 1-0-1

分 数 值	事故发生的可能性	分 数 值	事故发生的可能性
10	完全可以预料	0.5	很不可能,可以设想
6	相当可能	0.2	极不可能
3	可能,但不经常	0.1	实际不可能
1	可能性小,完全意外		

暴露于风险环境的频繁程度 E 附表 1-0-2

分 数 值	暴露于风险环境的频繁程度	分 数 值	暴露于风险环境的频繁程度
10	连续暴露	2	每月一次暴露
6	每天工作时间内暴露	1	每年几次暴露
3	每周一次或偶然暴露	0.5	非常罕见暴露

发生事故的后果 C 附表 1-0-3

分 数 值	发生事故产生的后果	分 数 值	发生事故产生的后果
100	10 人以上死亡/直接经济损失 ≥ 5000 万元	7	严重伤残/直接经济损失 50 ~ 100 万元(以下)
40	数人死亡/直接经济损失 1000 ~ 5000 万元	3	有伤残/直接经济损失 30 ~ 50 万元(以下)
15	1 ~ 2 人死亡/直接经济损失 100 ~ 1000 万元(以下)	1	轻伤,需救护/直接经济损失 30 万元以下

危险性等级划分标准 附表 1-0-4

危险性分值 D	≥320	≥160 ~ 320	≥70 ~ 160	≥20 ~ 70	<20
危险程度	极度危险,不能继续作业	高度危险,需要整改	显著危险,需要整改	比较危险,需要注意	稍有危险,可以接受
危险等级	5	4	3	2	1

本《指南》提出的专家调查法和指标体系法两种方法,可根据项目的实际情况选择。专家调查法的关键是基于专家丰富的实践经验,选择专家时要兼顾结构、设备、施工、安全、技术等专业,确保专家组内各成员之间专业特长的互补性。在评估小组人员类似工作经验不足的情况下,可选择指标体系法。

3.4.2 专家调查法

3.4.2.1 专家针对工程规模、工程复杂性、人员管理、机电设备、安全设施及材料、日常管控、施工环境等分项内容,分别进行风险评定,再综合各专家的评定结果提出专家组的评估结果。

3.4.2.3 专家成员的评定是专家调查法的关键,各分项评定可参考以下内容:

(1)工程规模:主要考虑建设项目的建筑面积和建筑高度,市政工程考虑占线长度、单孔桥梁跨度等,从规模大小方面给施工管理带来的难度方面来估测可能带来的安全风险。

(2)工程复杂性:主要从危大工程情况、技术复杂程度、所采取施工工艺的成熟程度,考虑施工复杂性给施工安全带来的技术隐患和方案隐患。

(3)人员管理:主要从项目部各类管理人员配置、劳务分包及专业分包队伍及其班组人员配备、持证情况、技术水平、劳动技能、相关业绩等方面来估测可能带来的安全风险。

(4)机电设备管理:主要从进场所有机械设备的验收、相关备案手续办理情况,所有机械设备使用过程中的管、用、养、修情况及其活动记录,特种设备种类的多寡以及在所有机械设备中的占比,来估测机械设备方面可能带来的安全风险。

(5)安全设施与材料:主要考虑现场安全设施如承重支架体系、各类脚手架体系的本身材料质量及稳定情况,边坡或基坑支护及变形情况,高处作业围护结构,“四口五临边”防护措施,以及相关安全警示标识设置情况等方面,来估测可能带来的安全风险。

(6)日常管控:主要从项目安全管理机构建立、制度建设及执行、日常安全巡查、安全操作规程及安全技术交底建立及执行情况、三级安全教育、人员培训、应急管理等方面,来估测可能带来的风险。

(7)施工环境:可分社会环境和自然环境,主要从气候条件、自然灾害、地方重要社会活动以及地理位置、地方传染病、周边环境以及突发公共卫生、社会治安等因素,可能带来的安全风险。

本《指南》对风险等级统一采用了四级划分,专家组每个成员对工程规模、工程复杂性、人员管理、机电设备、安全设施与材料、日常管控、施工环境 7 个分项同样按 4 个风险等级分别给出分项评定分值。

风险等级划分,根据国务院《关于实施遏制重特大事故工作指南构建双重预防机制的意见》(安委办〔2016〕11 号)的规定,科学评定安全风险等级,从低到高分别为:等级Ⅰ(低风险)、等级Ⅱ(一般风险)、等级Ⅲ(较大风险)和等级Ⅳ(重大风险),分别用蓝、黄、橙、红四种颜色标示。

3.4.2.4　专家成员类似工作经验,对评估结果的影响极大。考虑到专家所从事的专业各有所长,为防止对不熟悉的内容评定不合理,本《指南》引入专家信心指数对评定结果进行调整。

引入专家信心指数后,每个专家打分 D_r 不一定是整数,按四舍五入的原则划分等级。

3.4.2.6　专家组评估结果是在各专家成员评定等级的基础上取算术平均值,即将各专家成员评定的 D_r 累加后再除以专家总人数得出平均的 $\overline{D_r}$,按四舍五入的原则划分项目施工安全风险等级。

专家组的评估结果,是在综合专家成员评定结果的基础上提出的,反映了专家成员的平均水平。

3.4.3　指标体系法

3.4.3.1　指标体系法的指标选取应遵循以下原则:

(1)科学性。指标应能客观和真实地反映施工安全风险的大小。

(2)层次性。对于复杂的评估问题,采用分层处理的方法不仅结构清晰,易于理解和分析,而且逻辑性和科学性强。因此,评估指标构建时应进行层次性分解。

(3)全面性。选取的指标应尽可能涵盖影响施工安全风险的各个方面,重要指标不能有遗漏。

(4)代表性。选取的指标应具有特殊性和典型性,便于定性描述和定量分级。

(5)独立性。各指标之间应相互独立,保证同一指标因素不会重复计算。

本《指南》根据工程规模、工程复杂性、人员管理、机电设备、安全设施与材料、日常管控、施工环境，将评估指标体系分为7大类，这些指标是影响工程项目施工安全风险水平的大类。在大类指标的基础上，进一步提出细化分级指标，主要考虑可量化和细分的指标，便于操作。

3.4.3.2　此条款是整体安全风险评估的核心内容，关于指标选择的原因，条款中已作说明。这里需要注意的是，风险评估指标并不是越多越好，应突出风险因素特点，选择重要的指标进行评估，评估结果才能更准确、可靠。评估指标的权重对评估结果影响很大，对指标的重要性排序，应结合工程具体情况，由评估小组组长组织专家集体讨论确定，避免单个或少数评估小组成员自行确定。评估小组组长在确定权重的过程中具有较大的作用，可根据专家集体讨论情况，对指标重要性排序及权重进行适度调整。

关于分级区间取值，特作以下补充说明：

(1)为便于评估取值，同时参考目前在风险评估业务开展相对完善的交通建设行业的经验，指标分值采用百分制，区间基本分为四级，每级相差25分。分值越高，表示该指标反映的风险越高。指标取值由评估小组根据工程实际和指标具体情况，采用插值法等方法，集体讨论确定。根据工程的具体情况，结合地区经验，指标的数值区间可适当调整。

(2)考虑到市政工程线性特点，在工程规模和外部环境取值区间与其他指标有所不同，分为五级，主要参考2018年9月《北京市房屋建筑和市政基础设施工程施工安全风险管控技术指南(试行)》。部分指标取值说明见附表1-0-5。

部分指标取值说明　　附表1-0-5

<table>
<tr><th rowspan="2">评估内容</th><th rowspan="2">评估指标</th><th colspan="4">取值说明(R_{ij})</th></tr>
<tr><th>75～100</th><th>50～75</th><th>25～50</th><th>0～25</th></tr>
<tr><td rowspan="4">工程规模X_1</td><td>建筑面积X_{11}</td><td>群体建筑面积大于50万m^2，100分；在基准75分(5万m^2)基础上，每增加2万m^2增加1.5分</td><td>在基准50分(3万m^2)基础上，每增加400m^2增加1.5分；公建、医院、机场、办公楼等非住宅建筑定位75分</td><td>在基准25分(1万m^2)基础上，每增加200m^2增加1分；公建、医院、机场、办公楼等非住宅建筑定位50分</td><td>在基准15分(5000m^2)基础上，每增加400m^2增加1分；公建、医院、机场、办公楼等非住宅建筑定位25分</td></tr>
<tr><td>工程造价X_{12}</td><td>在基准75分(1亿元)基础上，每增加1000万元增加1分；超过5亿元的定位100分</td><td>在基准50分(0.5亿元)基础上，每增加800万元增加1分</td><td>在基准25分(0.2亿元)基础上，每增加200万元增加1分</td><td>在基准15分(0.1亿元)基础上，每增加400万元增加1分</td></tr>
<tr><td>建筑高度X_{13}</td><td>高度超过100m，以75分计算，超过200m的以90分计算；超过300m的以100分计算</td><td>10层及10层以上或高度超过28m的以50分计算；30层以上接近100m的按60分计算；超过100m接近200m或50层左右的按75分计算</td><td>3层以下按25分计算；3～6层按40分计算，7～9层按50分计算</td><td>初始分数15分</td></tr>
<tr><td>市政基础设施X_{14}</td><td colspan="4">此项指标R_{ij}值分5级：
80～100分：初始分数80分，其中符合2项指标的给100分；2亿元以上每增加1000万元增加1分；5亿元以上100分
60～80分：初始分数60分，其中符合2项指标的给80分；1亿元以上每增加500万元增加1分
40～60分：初始分数40分，其中符合2项指标的给60分；3000万元以上每增加350万元增加1分
20～40分：初始分数20分，其中符合2项指标的给40分；1000万元以上每增加100万元增加1分
0～20分：初始分数10分，100万元以上每增加100万元增加1分</td></tr>
</table>

续上表

评估内容	评估指标	取值说明(R_{ij})			
		75～100	50～75	25～50	0～25
工程复杂性 X_2	危大工程方面 X_{21}	初始分数75分,每增加1个危大工程增加5分	初始分数50分,每增加1个危大工程增加5分	初始分数25分,每增加1个危大工程增加5分	初始分数15分,每增加1个接近危大工程的项目增加5分
人员管理 X_3	项目部人员配置及管理水平 X_{31}	项目部关键岗位管理人员配备不符合相关规定的;项目部上一项目安全生产标准化考评为不合格的;受到建设行政主管部门安全管理行政处罚、行政处理共3次以上的	项目部一般岗位管理人员配备不符合相关规定的;项目部上一项目安全生产标准化考评为合格的;项目部受到建设行政主管部门安全管理行政处罚、行政处理2次的	项目部管理人员配备符合相关规定的;项目部上一项目安全生产标准化考评为合格的;项目部受到建设行政主管部门安全管理行政处罚、行政处理1次的	项目部管理人员配备符合相关规定且能力水平良好的;项目部上一项目被评定为绿色安全工地的;且项目部未受到建设行政主管部门安全管理行政处罚、行政处理的
施工环境 X_7	敏感目标 X_{75}	位于一线城市中心,安全距离内有建(构)筑物、地下管线(水、电、气、热等)、重要公共设施设备;位于城市功能核心区;周边200m范围内有党政机关、军事管理区、文物保护单位、学校、医院、人员密集场所、居民居住区、大型公交枢纽、大型森林、化工厂、加油站等;施工区域内或相近区域存在居民及在运行公共区域(改扩建工程,局部正常运行或整体正常运行)	位于一线城市郊区或二线城市中心地带周边200～500m范围内有党政机关、军事管理区、文物保护单位、学校、医院、人员密集场所、居民居住区、大型公交枢纽、大型森林、化工厂、加油站等	周边500m以外范围内有党政机关、军事管理区、文物保护单位、学校、医院、人员密集场所、居民居住区、大型公交枢纽、大型森林、化工厂、加油站等	位于远离城市的荒郊地带,周边无建筑物、居住区、公共场所等

3.4.3.4　权重系数反映了评估指标对风险的影响程度,目前还没有一种方法能准确确定其数值。重要性排序法是目前确定权重方法中最简单又相对科学的一种方法,便于在建设项目基层一线建设、施工等单位使用。对于第三方专业评估机构可采用层次分析法、复杂度分析法、基于信心指数的专家调查法等其他方法确定权重,必要时可采用多种方法确定权重并进行比对。下面对各种方法逐一做简单介绍:

(1)重要性排序计算权重的方法

即“按评估指标重要性排序确定权重取值”的方法,对评估指标按重要性来排序,视相邻指标权重系数差值相同,具有一定的合理性和科学性。其计算公式如式(附1-0-1):

$$\gamma = \frac{2n - 2m + 1}{n^2} \tag{附1-0-1}$$

式中:γ——权重系数;

n——评估指标(重要指标)项数;

m——重要性排序号,$m \leqslant n$。

采用重要性排序法,可根据附表1-0-6选取权重系数进行简化处理。

当出现两个或多个指标重要性相同时,则其指标权重可根据附表1-0-6确定的权重系数进行均等化处理。

重要性排序法权重系数 附表1-0-6

指标项目数量	权重系数	指标重要性排序													总权重
		第一	第二	第三	第四	第五	第六	第七	第八	第九	第十	第十一	第十二	第十三	
		1	2	3	4	5	6	7	8	9	10	11	12	13	
1项	γ	1.00	—	—	—	—	—	—	—	—	—	—	—		$\sum\gamma=1$
2项	γ	0.75	0.25	—	—	—	—	—	—	—	—	—	—		$\sum\gamma=1$
3项	γ	0.56	0.33	0.11	—	—	—	—	—	—	—	—	—		$\sum\gamma=1$
4项	γ	0.44	0.31	0.19	0.06	—	—	—	—	—	—	—	—		$\sum\gamma=1$
5项	γ	0.36	0.28	0.20	0.11	0.05	—	—	—	—	—	—	—		$\sum\gamma=1$
6项	γ	0.31	0.25	0.19	0.14	0.08	0.03	—	—	—	—	—	—		$\sum\gamma=1$
7项	γ	0.27	0.22	0.18	0.14	0.10	0.06	0.03	—	—	—	—	—		$\sum\gamma=1$
8项	γ	0.23	0.20	0.17	0.14	0.11	0.08	0.05	0.02	—	—	—	—		$\sum\gamma=1$
9项	γ	0.21	0.19	0.16	0.14	0.11	0.09	0.06	0.03	0.01	—	—	—		$\sum\gamma=1$
10项	γ	0.19	0.17	0.15	0.13	0.11	0.09	0.07	0.05	0.03	0.01	—	—		$\sum\gamma=1$
11项	γ	0.17	0.16	0.14	0.12	0.11	0.09	0.07	0.06	0.04	0.03	0.01	—		$\sum\gamma=1$
12项	γ	0.16	0.15	0.13	0.12	0.10	0.09	0.08	0.06	0.05	0.03	0.02	0.01		$\sum\gamma=1$
13项	γ	0.15	0.14	0.12	0.11	0.10	0.09	0.08	0.06	0.05	0.04	0.03	0.02	0.01	$\sum\gamma=1$

(2)层次分析法计算权重的方法

其方法大体可分为4个步骤:①建立问题的递阶层次结构;②构造两两判断矩阵;③由判断矩阵计算被比较评估指标的相对权值;④计算各层次因子的组合权重。

对于x_1、x_2、…、x_n个评估指标,得到判断矩阵见附表1-0-7。

判断矩阵 附表1-0-7

项目	x_1	x_2	…	x_n
x_1				
x_2				
…				
x_n				

采用美国匹兹堡大学运筹学家T. L. Saaty教授提出的1~9标度进行评价指标的两两比较,得到判断矩阵,标度的定义见附表1-0-8。

标度定义 附表 1-0-8

标 度	定 义
1	表示两个因素相比,具有同等重要性
3	表示两个因素相比,一个因素比另一个因素稍微重要
5	表示两个因素相比,一个因素比另一个因素明显重要
7	表示两个因素相比,一个因素比另一个因素更为重要
9	表示两个因素相比,一个因素比另一个因素极端重要
2、4、6、8	上述两相邻判断之中值,表示重要性判断之间的过渡性
倒数	因素 i 与 j 比较得到判断 b_{ij},则因素 j 与 i 比较的判断 $b_{ji}=1/b_{ij}$

利用方根法计算出各判断矩阵的最大特征值 λ_{max} 和特征向量 ω 后,最大特征值用于一致性检验,特征向量为所求的各因素的权重。

检验指标记为 CR,当 CR < 0.1 时就认为判断矩阵具有满意的一致性,具体的检验公式为:

$$CR=\frac{CI}{RI} \tag{附 1-0-2}$$

式中:CI——判断矩阵的一般一致性指标,计算方法为:

$$CI=\frac{\lambda_{max}-n}{n-1} \tag{附 1-0-3}$$

n——判断矩阵的阶数;

RI——判断矩阵的平均随机一致性指标,取值根据矩阵的阶进行确定,具体见附表 1-0-9。

平均随机一致性指标 RI 取值 附表 1-0-9

n	1	2	3	4	5	6	7	8	9	10
RI 值	0	0	0.58	0.89	1.12	1.26	1.36	1.41	1.46	1.49

(3)复杂度分析法

复杂度分析法基本思想是:如果某评估指标越复杂、变化越大,则它对总体质量的影响就越大。故可根据各评估指标的复杂程度,引入复杂度的概念,并由复杂度分布归一化后,求得它的权分布。

复杂度的计算式:

$$C_j=\frac{2(G_{jm2}-G_{j1}-G_{j2})(G_{j2}-G_{j1})}{G_{jm2}-G_{jm1}} \tag{附 1-0-4}$$

式中:C_j——评估指标的复杂度;值越大越复杂,反之越简单。

G_{jm2}、G_{jm1}——该评估指标地区性的最大、最小值;

G_{j2}、G_{j1}——评价对象某评估指标的大小实测数据。其计算步骤如下:

第一步:确定评估指标,并计算各评估指标的 G_{jm2}、G_{jm1} 与 G_{j2}、G_{j1} 值。

第二步:由第一步中数据计算各评估指标的复杂度。

第三步:求权值。

权值的计算表达式为:

$$W = \frac{1}{\sum}[C_1, C_2, C_3, C_4] \quad \text{(附 1-0-5)}$$

(4)基于信心指数的专家调查法

其应用由两步组成：一是辨识出某一特定项目可能遇到的所有风险，列出检查表(Checklist)；二是利用专家经验对可能的风险因素的重要性进行评价，综合成整个项目风险。

该方法的前提是要在调查中引入“信心指数”这个参数。所谓信心指数就是专家在作出相应判断时的信心程度，也可以理解为该数据的客观可靠程度。这意味着将由专家自己进行数据的可靠性或客观性评价，这就会大大提高数据的可用性，也可以扩大数据采集对象的范围。通过这种方法，可以挖掘出专家调研数据的深层信息。即使数据采集对象并非该领域的专家，只要他对所作出的判断能够有一个正确的评价，那么这个数据就应该视为有效信息。

3.4.3.5 目前，施工安全整体风险等级划分标准，是根据有限的实例并参照交通建设行业施工安全风险提出的，待样本数增多后，可适时调整。

3.4.3.6 复工安全风险评估步骤包括：

第1步：成立评估小组。由评估单位按有关规定和要求成立评估小组。

第2步：收集勘察、设计、施工技术资料和现场调查。评估小组收集齐全各种与项目有关勘察、设计及安全技术管理等基础资料后对现场进行调查。现场调查从工程概况以及现场人、机、料、法、环等因素进行调查。

第3步：确定评估内容。根据工程特点以及形象进度情况确定评估内容，如水文地质条件、机电设备管理、人员管理、现有安全设施设备、支撑体系、日常管控、周边环境等。

第4步：建立指标评估体系及重要性排序。评估小组根据评估工程的具体情况，建立指标体系并选取重要性指标，并合理进行重要性排序。

第5步：确定权重系数和计算评估指标分值。根据重要性指标和重要性排序按式(附1-0-1)确定权重系数和计算评估指标分值。

第6步：评估指标分值汇总和风险等级划分。根据式(附1-0-2)计算 F，根据附表1-0-2进行风险等级划分。

第7步：编写安全风险评估报告。按本《指南》格式要求编写安全风险评估报告，并按要求进行报告评审。

4 风险控制

4.1 一般要求

4.1.1 本《指南》风险接受准则，是在国际通行风险接受准则的基础上，结合工程项目特点提出的。

4.1.2 风险的分级管理主要包括：

(1)日常管理：施工总承包单位按照国家、行业或地方的有关安全生产的法律法规、标准规范等制订风险控制措施，对工程实行日常管理。

(2)监控预警:施工总承包单位或建设单位应委托第三方监控单位,对风险源建立监控和预警预报体系,明确预警预报标准,通过对施工监控数据的动态管理,及时掌握其发展状态,发现异常或超过警戒值,及时采取规避措施。

(3)专项整治:分析风险原因,并对重大风险源采取专项整治措施,包括完善设计方案、调整施工方法和组织、加强安全措施、改善施工环境、加强现场管理和提高人员因素等方面综合考虑,全方位整改。

(4)应急准备:除采取以上控制措施外,还应提出典型重大风险事故的应急预案,做好事故应急处置准备工作。并根据风险事故类型和发展态势,对采用专项整治不能及时控制风险的,要制订应急措施,做好应急准备,确保事故不造成严重后果。

Part Ⅱ　建设工程项目复工安全风险评估案例分析

案例1
陕西西安泾河新城地下综合管廊一期工程

1 编制说明

本风险评估报告依托泾河新城地下综合管廊一期工程项目，于项目复工前由评估小组采用指标体系法进行风险评估。

评估小组人员名单和职称，并应亲笔签字，见表2-1-1。

评估小组人员　　表2-1-1

序号	姓名	职称	专业	岗位	签字
1	臧××	高级工程师	水文地质与工程地质	单位负责人	
2	王××	高级工程师	探矿工程	单位技术负责人	
3	朱××	高级工程师	勘查技术与工程	工程部技术员	
4	刘××	工程师	土木工程	工程部技术员	
5	王××	高级工程师	土木工程	项目经理	
6	贾××	助理工程师	建筑工程	项目部技术员	

2 编制依据

(1)《泾河新城地下综合管廊一期工程项目安全管理制度汇编》；

(2)《泾河新城地下综合管廊项目(瀛洲二街茶马大道)施工组织设计》；

(3)《建设项目环境风险评价技术导则》(HJ/T169—2004)；

(4)《突发事件应急预案管理办法》(国办发〔2013〕101号)；

(5)《危险性较大的分部分项工程安全管理规定》(住房和城乡建设部令第37号)；

(6)《特种设备安全监察条例》(国务院令第549号)；

(7)《特种设备目录》(质检总局〔2014〕114号)；

(8)《陕西省建筑工地复工期间新型冠状病毒感染肺炎疫情防控暨施工安全指南》(陕建发〔2020〕31号)；

(9)《泾河新城地下综合管廊一期工程复工疫情防控方案》；

(10)《泾河新城地下综合管廊一期工程冠状病毒肺炎应急预案》。

3 项目简介

3.1 工程概况

泾河新城地下综合管廊一期项目复工段为瀛洲二街段，位于瀛洲二街南侧，东起乐华一路，西至茶马大道，长约1680m，大致呈东西走向，双舱布置，截面净宽4.8m，净高3.0m，入廊管线涵盖给水、燃气、电力、电信等管线。该段属支线综合管廊，管廊宽5.8m，高3.7m。箱型框架结构。工程重要性等级为二级，场地复杂程度为二级（中等复杂），岩土条件复杂程度为二级（中等复杂）。场地地形平缓，勘探点地面高程介于380.28～381.72m，高差1.44m。勘察期间，实测地下水稳定水位埋深为3.10～3.70m，相应水位高程介于376.87～378.22m之间。属潜水类型，该水位接近年地下水位平水期水位。具体位置如图2-1-1所示。

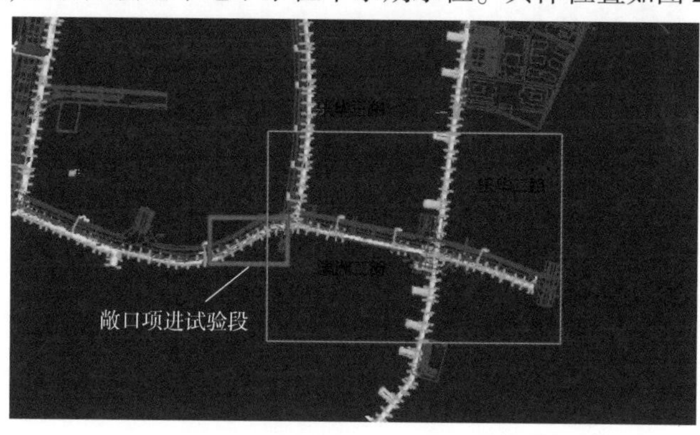

图2-1-1 瀛洲二街管廊平面图

3.2 复工前形象进度

评估时，茶马大道主体完工约680m，乐华二路主体完工约1360m，瀛洲二街主体完工约1180m，乐华三路管廊主体施工约700m。

3.3 安全重点及难点

（1）基槽开挖。基坑开挖坡度大，如果支护不到位很容易造成塌方。具体分析：①基槽开挖采用桩基支护；②开挖后及时回填；③对已建成道路及基坑进行监测。

（2）地下水位较高。降水不及时易引起边坡塌方，如施工过程中抽水停止时间较长，地下水位迅速上升，淹没施工作业面。应对措施：采取井点降水，降水井间距为10～15m，降水井深度不小于垫层底6m；如降水效果不好，及时调整降水井的深度和密度；采用双电源（箱变供电和柴油机发电），保证降水持续进行。

（3）因管廊施工过程中与1处在建道路工程存在交叉施工，在建道路需穿越管廊上方，为不影响道路工程顺利通车，当地政府与甲方（项目公司）协商后，随即要求施工单位按照合同工期提前5个月竣工，为道路修建留出时间，即压缩了管廊项目约12%的工期，工期相当紧张。

（4）预制管廊拼接。管廊接口密封要求较高，管节要求精确连接。管节安装间接口采用橡胶圈承插式，为保证拼接对齐，管节精确定位后通过在张拉孔内穿钢绞线并张拉预应力固定，与现浇段搭接的端头管节预先埋设带钢边的橡胶止水带，通过现浇段混凝土浇筑连为整体。

（5）疫情期间复工难点：一是返岗人员出发地多为外省，工人选择返岗交通工具为自驾、高铁、火车或大巴，旅途中接触人员较多、较杂乱。二是返岗工人疫情防控意识不够，口罩佩戴不正确，不及时洗手、消毒。三是现场作业区域点多面广，作业人员较为分散。四是劳务配备防疫物资不足，一次性口罩存在多次使用现象。

3.4　工程采取的主要施工方案

(1)泾河新城地下综合管廊瀛洲二街段顶进式施工方案;

(2)新型冠状病毒防治措施;

(3)新型冠状病毒应急救援预案。

4　评估方法及技术路线

4.1　评估方法

对管廊项目复工安全风险,采用指标体系法进行了评估。将整个项目风险评估的指标划分为7个分项,即工程规模、工程复杂性、人员管理、机电设备、安全设施与材料、日常管控、施工环境。根据各分项的具体情况建立若干评估指标,从而建立评估体系。参见《指南》表1-0-7。在对具体指标进行评估时,对表1-0-7所列31个指标中选出7项比较重要的指标进行排序。

4.2　评估路线

指标体系法整体风险评估的工作流程如图2-1-2所示。

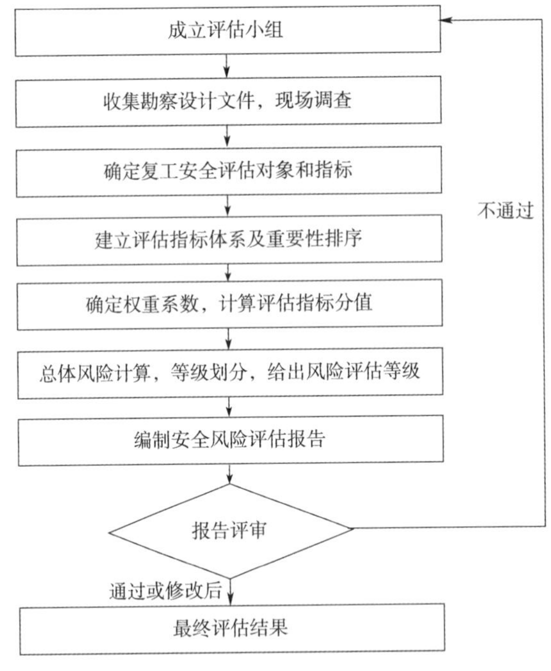

图2-1-2　安全风险评估指标体系法流程图

5　评估内容

经集中讨论研究,根据项目的施工特点,在风险评估指标库中选取7项重要指标进行综合分析考评打分,选取的指标分别为:①基坑开挖深度;②危大工程方面;③项目部人员配置及管理水平;④特种设备种类复杂度;⑤各类临边围护结构及防护设施;⑥项目安全管理机构建立情况;⑦工期要求。

结合项目实际情况,对7项指标重要性进行排序,通过指标体系法确定其各自的权重系数 $\gamma = \frac{2n - 2m + 1}{n^2}$,经过计算,排序后各指标权重系数分别为:

(1)基坑开挖深度 X_{11} 0.27

(2)各类临边围护结构及防护设施 X_{54} 0.22

(3)工期要求 X_{76} 0.18

(4)项目部人员配置及管理水平 X_{31} 0.14

(5)项目安全管理机构建立情况 X_{61} 0.1

(6)工艺成熟度 X_{21} 0.06

(7)设备进场验收 X_{41} 0.03

6 评估情况

6.1 评估过程

评估小组共有6名人员组成,采用指标体系法对项目复工安全风险分别进行了评估,其评估结果见表2-1-2~表2-1-7。

臧××评估结果 表2-1-2

评估对象	评估指标	分级	基本分值(R_{ij})		权重系数(γ_{ij})	评估分值(X_{ij})	说明
			分值范围	取值			
工程规模 X_1	基坑开挖深度 X_{11}	开挖深度超过5m	75~100分	60	0.27	16.20	考虑基坑开挖深度越大,风险存在的可能性就大
		开挖深度超过3m	50~75分				
		开挖深度超过2m	25~50分				
		开挖深度2m以内	0~25分				
工程复杂性 X_2	工艺成熟度 X_{21}	新工艺,国内首次使用	75~100分	55	0.06	3.30	分别考虑管理人员与作业人员熟练度
		工艺较成熟,国内有相关应用	50~75分				
		工艺技术成熟,市场应用广泛,企业首次应用	25~50分				
		工艺技术成熟,企业多次应用	0~25分				
人员管理 X_3	项目部人员配置及管理水平 X_{31}	项目部管理人员配备差;人员整体水平低、无管理业绩	75~100分	50	0.14	7.00	主要考虑项目部管理水平尤其是项目经理信用指标能力,项目部管理人员配置、整体素质及管理业绩
		项目部管理人员配备不全;人员整体水平较低及管理业绩一般	50~75分				

续上表

评估对象	评估指标	分级	基本分值(R_{ij})		权重系数(γ_{ij})	评估分值(X_{ij})	说明
			分值范围	取值			
人员管理X_3	项目部人员配置及管理水平X_{31}	项目部管理人员配备较齐全;人员整体水平较高及管理业绩较明显	25～50分				
		项目部管理人员配备齐全;人员整体水平高及管理业绩明显	0～25分				
机电设备X_4	设备进场验收X_{41}	未验收率超过70%	75～100分	10	0.03	0.30	考虑行业内特种设备事故频发、严重性;不同设备共用,其潜在的多种事故风险性
		未验收率50%～90%	50～75分				
		未验收率30%～50%	25～50分				
		未验收率0%～30%	0～25分				
安全设施与材料X_5	各类临边围护结构及防护设施X_{54}	接近破坏,不能正常使用	75～100分	25	0.22	5.50	检查各类维护设施,包括基坑临边防护,"四口五临边"防护设施措施等是否齐全、有效
		不能正常使用,需要加固	50～75分				
		功能正常,需稍微维护	25～50分				
		功能良好,基本能正常使用	0～25分				
日常管控X_6	项目安全管理机构建立情况X_{61}	未按规定设置安全管理机构,配备专职安全管理人员	75～100分	30	0.1	3.00	依据住建部《建筑施工企业安全生产管理机构设置及专职安全生产管理人员配备办法》以及地方住建部门的相关规定设置安全管理机构,配备专职安全管理人员
		安全管理机构不完善,人员设置不合理	50～75分				
		安全管理机构设置较为合理,基本满足项目需要	25～50分				
		安全管理机构设置合理,与项目相匹配	0～25分				
施工环境X_7	工期要求X_{76}	按照合同工期的70%组织施工	75～100分	50	0.18	9.00	综合考虑在不同工期进度要求下,制订赶工计划时,对安全生产造成的不同影响
		按照合同工期的80%组织施工	50～75分				
		按照合同工期的90%组织施工	25～50分				
		基本按照合同工期组织施工	0～25分				
评估得分						44.30	

王××评估结果

表 2-1-3

评估对象	评估指标	分级	基本分值(R_{ij}) 分值范围	基本分值(R_{ij}) 取值	权重系数(γ_{ij})	评估分值(X_{ij})	说明
工程规模 X_1	基坑开挖深度 X_{11}	开挖深度超过 5m	75~100 分	58	0.27	15.66	考虑基坑开挖深度越大,风险存在的可能性就大
		开挖深度超过 3m	50~75 分				
		开挖深度超过 2m	25~50 分				
		开挖深度 2m 以内	0~25 分				
工程复杂性 X_2	工艺成熟度 X_{21}	新工艺,国内首次使用	75~100 分	60	0.06	3.60	分别考虑管理人员与作业人员熟练度
		工艺较成熟,国内有相关应用	50~75 分				
		工艺技术成熟,市场应用广泛,企业首次应用	25~50 分				
		工艺技术成熟,企业多次应用	0~25 分				
人员管理 X_3	项目部人员配置及管理水平 X_{31}	项目部管理人员配备差;人员整体水平低、无管理业绩	75~100 分	45	0.14	6.30	主要考虑项目部管理水平尤其是项目经理信用指标能力,项目部管理人员配置、整体素质及管理业绩
		项目部管理人员配备不全;人员整体水平较低及管理业绩一般	50~75 分				
		项目部管理人员配备较齐全;人员整体水平较高及管理业绩较明显	25~50 分				
		项目部管理人员配备齐全;人员整体水平高及管理业绩明显	0~25 分				
机电设备 X_4	设备进场验收 X_{41}	未验收率超过 90%	75~100 分	15	0.03	0.45	考虑行业内特种设备事故频发、严重性;不同设备共用,其潜在的多种事故风险性
		未验收率 50%~90%	50~75 分				
		未验收率 30%~50%	25~50 分				
		未验收率 0%~30%	0~25 分				
安全设施与材料 X_5	各类临边围护结构及防护设施 X_{54}	接近破坏,不能正常使用	75~100 分	23	0.22	5.06	检查各类维护设施,包括基坑临边防护,“四口五临边”防护设施措施等是否齐全、有效
		不能正常使用,需要加固	50~75 分				
		功能正常,需稍微维护	25~50 分				
		功能良好,基本能正常使用	0~25 分				

续上表

评估对象	评估指标	分级	基本分值(R_{ij})		权重系数(γ_{ij})	评估分值(X_{ij})	说明
			分值范围	取值			
日常管控 X_6	项目安全管理机构建立情况 X_{61}	未按规定设置安全管理机构,配备专职安全管理人员	75~100分	35	0.1	3.50	依据住建部《建筑施工企业安全生产管理机构设置及专职安全生产管理人员配备办法》以及地方住建部门的相关规定设置安全管理机构,配备专职安全管理人员
		安全管理机构不完善,人员设置不合理	50~75分				
		安全管理机构设置较为合理,基本满足项目需要	25~50分				
		安全管理机构设置合理,与项目相匹配	0~25分				
施工环境 X_7	工期要求 X_{76}	按照合同工期的70%组织施工	75~100分	56	0.18	10.08	综合考虑在不同工期进度要求下,制订赶工计划时,对安全生产造成的不同影响
		按照合同工期的80%组织施工	50~75分				
		按照合同工期的90%组织施工	25~50分				
		基本按照合同工期组织施工	0~25分				
评估得分						44.65	

朱××评估结果 表2-1-4

评估对象	评估指标	分级	基本分值(R_{ij})		权重系数(γ_{ij})	评估分值(X_{ij})	说明
			分值范围	取值			
工程规模 X_1	基坑开挖深度 X_{11}	开挖深度超过5m	75~100分	65	0.27	17.55	考虑基坑开挖深度越大,风险存在的可能性就大
		开挖深度超过3m	50~75分				
		开挖深度超过2m	25~50分				
		开挖深度2m以内	0~25分				
工程复杂性 X_2	工艺成熟度 X_{21}	新工艺,国内首次使用	75~100分	55	0.06	3.30	分别考虑管理人员与作业人员熟练度
		工艺较成熟,国内有相关应用	50~75分				
		工艺技术成熟,市场应用广泛,企业首次应用	25~50分				
		工艺技术成熟,企业多次应用	0~25分				

续上表

评估对象	评估指标	分级	基本分值(R_{ij})		权重系数(γ_{ij})	评估分值(X_{ij})	说明
			分值范围	取值			
人员管理 X_3	项目部人员配置及管理水平 X_{31}	项目部管理人员配备差;人员整体水平低、无管理业绩	75~100分	43	0.14	6.02	主要考虑项目部管理水平,尤其是项目经理信用指标能力,项目部管理人员配置、整体素质及管理业绩
		项目部管理人员配备不全;人员整体水平较低、管理业绩一般	50~75分				
		项目部管理人员配备较齐全;人员整体水平较高、管理业绩较明显	25~50分				
		项目部管理人员配备齐全;人员整体水平高、管理业绩明显	0~25分				
机电设备 X_4	设备进场验收 X_{41}	未验收率超过90%	75~100分	13	0.03	0.39	考虑行业内特种设备事故频发、严重性;不同设备共用,其潜在的多种事故风险性
		未验收率50%~90%	50~75分				
		未验收率30%~50%	25~50分				
		未验收率0%~30%	0~25分				
安全设施与材料 X_5	各类临边围护结构及防护设施 X_{54}	接近破坏,不能正常使用	75~100分	22	0.22	4.84	检查各类维护设施,包括基坑临边防护,“四口五临边”防护设施措施等是否齐全、有效
		不能正常使用,需要加固	50~75分				
		功能正常,需稍微维护	25~50分				
		功能良好,基本能正常使用	0~25分				
日常管控 X_6	项目安全管理机构建立情况 X_{61}	未按规定设置安全管理机构,配备专职安全管理人员	75~100分	25	0.1	2.50	依据住建部《建筑施工企业安全生产管理机构设置及专职安全生产管理人员配备办法》以及地方住建部门的相关规定设置安全管理机构,配备专职安全管理人员
		安全管理机构不完善,人员设置不合理	50~75分				
		安全管理机构设置较为合理,基本满足项目需要	25~50分				
		安全管理机构设置合理,与项目相匹配	0~25分				

续上表

评估对象	评估指标	分级	基本分值(R_{ij})		权重系数(γ_{ij})	评估分值(X_{ij})	说明
			分值范围	取值			
施工环境 X_7	工期要求 X_{76}	按照合同工期的70%组织施工	75~100分	45	0.18	8.10	综合考虑在不同工期进度要求下,制订赶工计划时,对安全生产造成的不同影响
		按照合同工期的80%组织施工	50~75分				
		按照合同工期的90%组织施工	25~50分				
		基本按照合同工期组织施工	0~25分				
评估得分						42.70	

刘××评估结果

表2-1-5

评估对象	评估指标	分级	基本分值(R_{ij})		权重系数(γ_{ij})	评估分值(X_{ij})	说明
			分值范围	取值			
工程规模 X_1	基坑开挖深度 X_{11}	开挖深度超过5m	75~100分	58	0.27	15.66	考虑基坑开挖深度越大,风险存在的可能性就大
		开挖深度超过3m	50~75分				
		开挖深度超过2m	25~50分				
		开挖深度2m以内	0~25分				
工程复杂性 X_2	工艺成熟度 X_{21}	新工艺,国内首次使用	75~100分	60	0.06	3.60	分别考虑管理人员与作业人员熟练度
		工艺较成熟,国内有相关应用	50~75分				
		工艺技术成熟,市场应用广泛,企业首次应用	25~50分				
		工艺技术成熟,企业多次应用	0~25分				
人员管理 X_3	项目部人员配置及管理水平 X_{31}	项目部管理人员配备差;人员整体水平低、无管理业绩	75~100分	52	0.14	7.28	主要考虑项目部管理水平尤其是项目经理信用指标能力,项目部管理人员配置、整体素质及管理业绩
		项目部管理人员配备不全;人员整体水平较低、管理业绩一般	50~75分				
		项目部管理人员配备较齐全;人员整体水平较高、管理业绩较明显	25~50分				
		项目部管理人员配备齐全;人员整体水平高、管理业绩明显	0~25分				

续上表

评估对象	评估指标	分级	基本分值(R_{ij})		权重系数(γ_{ij})	评估分值(X_{ij})	说明
			分值范围	取值			
机电设备 X_4	设备进场验收 X_{41}	未验收率超过 90%	75~100 分	10	0.03	0.30	考虑行业内特种设备事故频发、严重性;不同设备共用,其潜在的多种事故风险性
		未验收率 50%~90%	50~75 分				
		未验收率 30%~50%	25~50 分				
		未验收率 0%~30%	0~25 分				
安全设施与材料 X_5	各类临边围护结构及防护设施 X_{54}	接近破坏,不能正常使用	75~100 分	18	0.22	3.96	检查各类维护设施,包括基坑临边防护,"四口五临边"防护设施措施等是否齐全、有效
		不能正常使用,需要加固	50~75 分				
		功能正常,需稍微维护	25~50 分				
		功能良好,基本能正常使用	0~25 分				
日常管控 X_6	项目安全管理机构建立情况 X_{61}	未按规定设置安全管理机构,配备专职安全管理人员	75~100 分	23	0.1	2.30	依据住建部《建筑施工企业安全生产管理机构设置及专职安全生产管理人员配备办法》以及地方住建部门的相关规定设置安全管理机构,配备专职安全管理人员
		安全管理机构不完善,人员设置不合理	50~75 分				
		安全管理机构设置较为合理,基本满足项目需要	25~50 分				
		安全管理机构设置合理,与项目相匹配	0~25 分				
施工环境 X_7	工期要求 X_{76}	按照合同工期的 70% 组织施工	75~100 分	44	0.18	7.92	综合考虑在不同工期进度要求下,制订赶工计划时,对安全生产造成的不同影响
		按照合同工期的 80% 组织施工	50~75 分				
		按照合同工期的 90% 组织施工	25~50 分				
		基本按照合同工期组织施工	0~25 分				
评估得分						41.02	

王××评估结果

表 2-1-6

评估对象	评估指标	分级	基本分值(R_{ij})		权重系数(γ_{ij})	评估分值(X_{ij})	说明
			分值范围	取值			
工程规模 X_1	基坑开挖深度 X_{11}	开挖深度超过 5m	75~100 分	60	0.27	16.2	考虑基坑开挖深度越大,风险存在的可能性就大
		开挖深度超过 3m	50~75 分				
		开挖深度超过 2m	25~50 分				
		开挖深度 2m 以内	0~25 分				
工程复杂性 X_2	工艺成熟度 X_{21}	新工艺,国内首次使用	75~100 分	65	0.06	3.90	分别考虑管理人员与作业人员熟练度
		工艺较成熟,国内有相关应用	50~75 分				
		工艺技术成熟,市场应用广泛,企业首次应用	25~50 分				
		工艺技术成熟,企业多次应用	0~25 分				
人员管理 X_3	项目部人员配置及管理水平 X_{31}	项目部管理人员配备差;人员整体水平低、无管理业绩	75~100 分	60	0.14	8.40	主要考虑项目部管理水平尤其是项目经理信用指标能力,项目部管理人员配置、整体素质及管理业绩
		项目部管理人员配备不全;人员整体水平较低、管理业绩一般	50~75 分				
		项目部管理人员配备较齐全;人员整体水平较高、管理业绩较明显	25~50 分				
		项目部管理人员配备齐全;人员整体水平高、管理业绩明显	0~25 分				
机电设备 X_4	设备进场验收 X_{41}	未验收率超过 90%	75~100 分	5	0.03	0.15	考虑行业内特种设备事故频发、严重性;不同设备共用,其潜在的多种事故风险性
		未验收率 50%~90%	50~75 分				
		未验收率 30%~50%	25~50 分				
		未验收率 0%~30%	0~25 分				
安全设施与材料 X_5	各类临边围护结构及防护设施 X_{54}	接近破坏,不能正常使用	75~100 分	10	0.22	2.20	检查各类维护设施,包括基坑临边防护,“四口五临边”防护设施措施等是否齐全、有效
		不能正常使用,需要加固	50~75 分				
		功能正常,需稍微维护	25~50 分				
		功能良好,基本能正常使用	0~25 分				

续上表

评估对象	评估指标	分级	基本分值(R_{ij})		权重系数(γ_{ij})	评估分值(X_{ij})	说明
			分值范围	取值			
日常管控 X_6	项目安全管理机构建立情况 X_{61}	未按规定设置安全管理机构,配备专职安全管理人员	75~100分	25	0.1	2.50	依据住建部《建筑施工企业安全生产管理机构设置及专职安全生产管理人员配备办法》以及地方住建部门的相关规定设置安全管理机构,配备专职安全管理人员
		安全管理机构不完善,人员设置不合理	50~75分				
		安全管理机构设置较为合理,基本满足项目需要	25~50分				
		安全管理机构设置合理,与项目相匹配	0~25分				
施工环境 X_7	工期要求 X_{76}	按照合同工期的70%组织施工	75~100分	55	0.18	9.90	综合考虑在不同工期进度要求下,制订赶工计划时,对安全生产造成的不同影响
		按照合同工期的80%组织施工	50~75分				
		按照合同工期的90%组织施工	25~50分				
		基本按照合同工期组织施工	0~25分				
评估得分						43.25	

贾××评估结果 表2-1-7

评估对象	评估指标	分级	基本分值(R_{ij})		权重系数(γ_{ij})	评估分值(X_{ij})	说明
			分值范围	取值			
工程规模 X_1	基坑开挖深度 X_{11}	开挖深度超过5m	75~100分	68	0.27	18.36	考虑基坑开挖深度越大,风险存在的可能性就大
		开挖深度超过3m	50~75分				
		开挖深度超过2m	25~50分				
		开挖深度2m以内	0~25分				
工程复杂性 X_2	工艺成熟度 X_{21}	新工艺,国内首次使用	75~100分	53	0.06	3.18	分别考虑管理人员与作业人员熟练度
		工艺较成熟,国内有相关应用	50~75分				
		工艺技术成熟,市场应用广泛,企业首次应用	25~50分				
		工艺技术成熟,企业多次应用	0~25分				

续上表

评估对象	评估指标	分级	基本分值(R_{ij})		权重系数(γ_{ij})	评估分值(X_{ij})	说明
			分值范围	取值			
人员管理 X_3	项目部人员配置及管理水平 X_{31}	项目部管理人员配备差;人员整体水平低、无管理业绩	75~100分	43	0.14	6.02	主要考虑项目部管理水平尤其是项目经理信用指标能力,项目部管理人员配置、整体素质及管理业绩
		项目部管理人员配备不全;人员整体水平较低、管理业绩一般	50~75分				
		项目部管理人员配备较齐全;人员整体水平较高、管理业绩较明显	25~50分				
		项目部管理人员配备齐全;人员整体水平高、管理业绩明显	0~25分				
机电设备 X_4	设备进场验收 X_{41}	未验收率超过90%	75~100分	3	0.03	0.09	考虑行业内特种设备事故频发、严重性;不同设备共用,其潜在的多种事故风险性
		未验收率50%~90%	50~75分				
		未验收率30%~50%	25~50分				
		未验收率0%~30%	0~25分				
安全设施与材料 X_5	各类临边围护结构及防护设施 X_{54}	接近破坏,不能正常使用	75~100分	19	0.22	4.18	检查各类维护设施,包括基坑临边防护,“四口五临边”防护设施措施等是否齐全、有效
		不能正常使用,需要加固	50~75分				
		功能正常,需稍微维护	25~50分				
		功能良好,基本能正常使用	0~25分				
日常管控 X_6	项目安全管理机构建立情况 X_{61}	未按规定设置安全管理机构、配备专职安全管理人员	75~100分	26	0.1	2.60	依据住建部《建筑施工企业安全生产管理机构设置及专职安全生产管理人员配备办法》以及地方住建部门的相关规定设置安全管理机构,配备专职安全管理人员
		安全管理机构不完善,人员设置不合理	50~75分				
		安全管理机构设置较为合理,基本满足项目需要	25~50分				
		安全管理机构设置合理,与项目相匹配	0~25分				

续上表

评估对象	评估指标	分级	基本分值(R_{ij})		权重系数(γ_{ij})	评估分值(X_{ij})	说明
			分值范围	取值			
施工环境 X_7	工期要求 X_{76}	按照合同工期的 70% 组织施工	75～100 分	46	0.18	8.28	综合考虑在不同工期进度要求下，制订赶工计划时，对安全生产造成的不同影响
		按照合同工期的 80% 组织施工	50～75 分				
		按照合同工期的 90% 组织施工	25～50 分				
		基本按照合同工期组织施工	0～25 分				
评估得分						42.71	

6.2 评估结果

经过统计计算，评估小组各评估人员的评分分别为：44.30、44.65、42.70、41.02、43.25、42.71。平均得分为：43.11。

根据《指南》中表 1-0-8 风险等级划分，该项目风险等级为Ⅱ级（一般风险）。

7 评估结论

评估小组采用指标体系法对泾河新城地下综合管廊一期项目进行复工安全风险评估，最终得分 43.11 分，根据风险等级划分，该项目风险等级为一般风险。

风险评估完成后，项目部要根据风险等级和接受准则，提出相应的风险控制对策，并根据工程进展情况和现场实际，提出有针对性的风险控制措施和预警预防措施。建议根据评估小组提出的措施进行完善。加强日常管理，加强监控监测，对检查出的问题进行全面专项整治，做好相应的应急准备工作，确保安全措施、人员、物资、培训、预案落实“五到位”，统筹协调好复工、防疫和安全三方面的关系，切忌盲目复工。

8 对策措施及建议

该项目安全风险评估为一般风险，为可接受风险，但复工后应采取相应的风险控制措施，严格日常管理，加强监控预警和现场巡视，并根据实际情况可开展有针对的专项整治，建议采取如下相应措施：

（1）提高从业人员的素质，包括加强管理人员业务学习、作业人员安全教育培训和操作技能培训，即：完善现场作业人员进场三级教育，强化岗前、岗中安全培训，提高作业人员劳动技能，强化作业人员安全意识，杜绝或遏制人的不安全行为引起事故发生。

（2）规范安全专项施工方案和安全技术交底，建立完善各工种安全技术操作规程，进行书面安全技术交底。

（3）结合工程进展情况，及时开展风险源辨识与评价，并建立风险源动态清单。按照制度规定进行项目安全检查，检查记录的签字手续应齐全；事故隐患应定人、定时间、定措施进行整改;安全隐患整改复查应及时;应建立违章处理登记台账等。

(4)对边坡支护的沉降观测预警,即对边坡开挖及支护工程的变形情况进行观测,将变形量控制在预警值范围内。

(5)对地下水位的监测,即监测地下水位的变化情况、以及地下水位对边坡稳定、建筑基础桩基及底板上浮的影响,将变形量控制在预警值范围内。

(6)完善项目综合应急预案、专项应急预案和现场处置方案的有科学性和可行性,规范审批手续并按要求备案,对专(兼)职应急人员不定期进行培训等。同时,保证各类应急物资、设备齐全并且有效,维护得当。

(7)根据现场情况,适时组织开展基坑坍塌应急演练。

案例2
珠海佳景美食广场项目

1　编制说明

本风险评估报告依托珠海佳景美食广场项目,于项目复工前由评估小组采用指标体系法进行风险评估。

评估小组人员名单和职称,并应亲笔签字,见表2-2-1。

评估小组人员　　表2-2-1

序　号	姓　名	职　称	专　业	岗　位	签　字
1	王××	高级工程师	建筑工程	单位技术负责人	
2	张××	工程师	建筑工程	项目技术负责人	
3	齐××	工程师	建筑工程	安全部长	
4	李××	工程师	建筑工程	项目技术负责人	
5	夏××	工程师	预算管理	项目部管理人员	
6	史××	工程师	材料管理	项目部管理人员	
7	慕××	工程师	建筑工程	项目部管理人员	

2　编制依据

(1)《建设项目环境风险评价技术导则》(HJ/T169—2004);

(2)《突发事件应急预案管理办法》(国办发〔2013〕101号);

(3)《危险性较大的分部分项工程安全管理规定》(住房和城乡建设部令第37号);

(4)《建筑施工模板安全技术规范》(JGJ162—2008);

(5)《建筑施工扣件式钢管脚手架安全技术规范》(JGJ130—2011);

(6)《建筑施工承插型套扣式钢管脚手架》(DBJ15－98—2014);

(7)《特种设备安全监察条例》(国务院令第549号);

(8)《特种设备目录》(质检总局〔2014〕114号);

(9)《广东省人民政府办公厅关于一视同仁做好疫情防控有关工作的通知》(粤办函〔2020〕66号);

(10)《佳景美食广场项目施工组织设计》;

(11)《佳景美食广场项目安全管理制度汇编》;

(12)《佳景美食广场三防应急预案》;

(13)《佳景美食广场防台风专项施工方案及应急预案》;

(14)《佳景美食广场起重式吊装设备安拆装专项方案及台风防控措施》;

(15)《佳景美食广场项目复工疫情防控方案》;

(16)《佳景美食广场项目冠状病毒肺炎防治专项应急预案》。

3 项目简介

3.1 项目概况(表2-2-2)

项目概况 表2-2-2

序号	项目	内容
1	工程名称	佳景美食广场项目
2	建设地点	广东省珠海市横琴新区子期南道东侧、濠江路南侧环岛东路西侧、香江路北侧
3	建设单位	珠海横琴佳景美食广场项目发展有限公司
4	设计单位	珠海市建筑设计院
5	监理单位	珠海经济特区建设监理有限公司
6	施工单位	中煤建工集团有限公司
7	基础形式、主体结构形式	桩基础、框架剪力墙结构
8	场地周边情况	用地南侧为香江路,距项目基坑边线约14m; 用地西侧为子期南路,距项目基坑边线约34m; 用地北侧为规划道路,距项目基坑边线约4m; 用地东侧为正在建设商业街项目,商业街项目红线距基坑边线约3m

3.2 复工前形象进度

评估时,项目基础已完成,主体施工已至结构一层;基坑回填工作已完成,无基坑作业危险工作;塔吊已布设完毕,共4台按计划布置,现要升节2台塔吊方便后续施工工作。顶升加节、日常吊装均需加强安全管理;工地脚手架为落地式双排钢管脚手架,随工程进度架设。

3.3 安全重点及难点

(1)施工过程中重点

屋面钢构安装需采用非常规起重吊装设备;落地式钢管脚手架总搭设高度约42m,且珠海地区风荷载值比较大($\omega_0=0.7\mathrm{kN/m^2}$)架体安全性及防台风措施应作为监控重点;钢结构、网架和索膜结构安装工程;工程存在大量超高模板支撑体系和大量超限梁,内支撑体系搭设及加固监测应作为安全控制的重点;工程材料周转使用悬挑式卸料平台、卸料平台的搭设及使用(限载)应作为安全控制的重点;机电安装涉及给排水、强弱电、暖通、消防、智能化等多个专业,目前图纸存在的大量管线交叉碰撞、洞口留置位置不一等问题应作为技术控制重点预应力工程。

(2)安全管理难点

施工现场场地较小;材料和机具布置、安全防护、消防管控均不利安全管理;疫情期间返岗人员多为外地人员,返回使用交通工具为自驾、高铁、火车和大巴,旅途中接触人员较多且复杂;工地防疫,存在人员聚集风险。

3.4　工程采取的主要方案

(1)模板工程专项施工方案;
(2)高大模板工程专项施工方案;
(3)落地式钢管脚手架专项施工方案;
(4)卸料平台专项施工方案;
(5)起重吊装工程专项施工方案;
(6)疫情防控方案及救援预案;
(7)机电安装专项施工方案。

4　评估方法及技术路线

4.1　评估方法

对佳景美食广场项目复工安全风险,采用指标体系法进行评估。将整个项目风险评估的指标划分为7个分项,即工程规模、工程复杂性、人员管理、机电设备、安全设施与材料、日常管控、施工环境,根据各分项的具体情况建立若干评估指标,从而建立评估体系,参见《指南》表1-0-7。在对具体指标进行评估时,对表1-0-7所列31个指标中选出11项比较重要的指标进行排序。

4.2　评估路线

指标体系法安全风险评估的工作流程如图2-2-1所示。

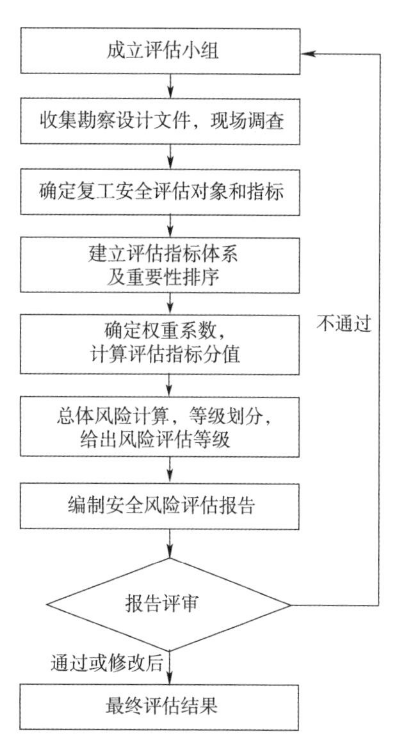

图2-2-1　安全风险评估指标体系法流程图

5　评估内容

评估小组根据项目的施工特点,在风险评估指标库中选取11项重要指标进行了综合分析考评打分,选取的11项指标分别为:①施工技术复杂程度;②危大工程方面;③工程造价;④建筑面积;⑤外防护脚手架系统;⑥相关警示标识;⑦特种设备种类复杂度;⑧人员配置及管理水平;⑨气候条件;⑩安全管理制度建立及执行情况;⑪项目安全教育体系建立及执行情况。

结合项目实际情况,对这11项指标重要性进行了排序,通过指标体系法确定其各自的权重系数 $\gamma = \dfrac{2n - 2m + 1}{n^2}$,经过计算,排序后各指标权重系数见表2-2-3。

各指标重要性排序　　表 2-2-3

序　号	指标名称	权重系数
1	施工技术复杂程度	0.17
2	危大工程方面	0.16
3	工程造价	0.14
4	建筑面积	0.12
5	外防护脚手架系统	0.11
6	相关警示标识	0.09
7	特种设备种类复杂度	0.07
8	人员配置及管理水平	0.06
9	气候条件	0.04
10	安全管理制度建立及执行情况	0.03
11	项目安全教育体系建立及执行情况	0.01

6　评估情况

6.1　评估过程

评估小组共有 7 名人员组成，采用指标体系法对项目复工安全风险分别进行了评估，其评估结果见表 2-2-4 ~ 表 2-2-10。

王××评估结果　　表 2-2-4

评估对象	评估指标	分　级	基本分值(R_{ij})		权重系数(γ_{ij})	评估分值(X_{ij})	说　明
			分值范围	取值			
工程规模 X_1	建筑面积 X_{11}	2 万 m^2 以上	75 ~ 100 分	76	0.12	9.12	工程建筑面积大，点多面广，风险存在的可能性就大
		1 万 m^2 ~ 2 万 m^2	50 ~ 75 分				
		0.5 万 m^2 ~ 1 万 m^2	25 ~ 50 分				
		0.5 万 m^2 以下	0 ~ 25 分				
	工程造价 X_{12}	3 亿元以上	75 ~ 100 分	76	0.14	10.64	工程造价高，不仅体现出工程体量大，也可能体现工程难度高，风险因素也随之增加
		1 亿元 ~ 3 亿元	50 ~ 75 分				
		0.5 亿元 ~ 1 亿元	25 ~ 50 分				
		0.5 亿元以下	0 ~ 25 分				

续上表

评估对象	评估指标	分级	基本分值(R_{ij})		权重系数(γ_{ij})	评估分值(X_{ij})	说明
			分值范围	取值			
工程复杂性X_2	危大工程方面X_{21}	含5个以上超一定规模危大工程	75~100分	59	0.16	9.44	分别考虑危大工程以及超过一定规模的危大工程
		1~5个超一定规模危大工程	50~75分				
		有危大工程但未超一定规模	25~50分				
		无危大工程但施工较复杂	0~25分				
	施工技术复杂程度X_{22}	施工技术非常复杂	75~100分	82	0.17	13.94	综合考虑施工技术复杂程度
		施工技术较复杂	50~75分				
		施工技术复杂程度一般	25~50分				
		施工技术不复杂	0~25分				
人员管理X_3	项目部人员配置及管理水平X_{31}	项目部管理人员配备差;人员整体水平低、无管理业绩	75~100分	75	0.06	4.5	主要考虑项目部管理水平,尤其是项目经理信用指标能力,项目部管理人员配置、整体素质及管理业绩
		项目部管理人员配备不全;人员整体水平较低、管理业绩一般	50~75分				
		项目部管理人员配备较齐全;人员整体水平较高、管理业绩较明显	25~50分				
		项目部管理人员配备齐全;人员整体水平高、管理业绩明显	0~25分				
机电设备X_4	特种设备种类复杂度X_{43}	6类以上特种设备	75~100分	79	0.07	5.53	考虑行业内特种设备事故频发、严重性;不同设备共用,其潜在的多种事故风险性
		4~6类特种设备	50~75分				
		2~4类特种设备	25~50分				
		2类以下特种设备	0~25分				
安全设施与材料X_5	外防护脚手架系统X_{52}	开始变形	75~100分	16	0.11	1.76	根据施工方案中确定的动静荷载变化,以及受力构件、附着等的变化情况判定
		超过预警值接近变形	50~75分				
		接近预警临界值	25~50分				
		在监测允许范围内	0~25分				

续上表

评估对象	评估指标	分级	基本分值(R_{ij}) 分值范围	基本分值(R_{ij}) 取值	权重系数(γ_{ij})	评估分值(X_{ij})	说明
安全设施与材料 X_5	相关警示标识 X_{55}	缺少标牌及相关标识	75～100分	2	0.09	0.18	安全通道、危险作业区域、临近危险区域等相关标识是否齐全、清晰、正确
		种类不全，标牌损坏	50～75分				
		标识种类存在遗漏，标牌模糊	25～50分				
		标识种类齐全，基本清晰	0～25分				
日常管控 X_6	安全管理制度建立及执行情况 X_{62}	未制订项目安全管理制度	75～100分	26	0.03	0.78	检查是否建立项目部《安全生产责任制》等安全生产管理制度；检查是否制订项目安全管理目标并进行分解，是否制订安全管理目标考核制度并进行考核；检查是否按规定层级签订安全生产责任书
		安全管理制度不健全，制度内容不合理	50～75分				
		安全管理制度基本健全，制度内容较为科学合理	25～50分				
		各项安全管理制度健全，制度内容科学合理	0～25分				
	项目安全教育体系建立及执行情况 X_{64}	未建立项目安全教育制度，项目人员受教育人数不足30%	75～100分	13	0.01	0.13	项目安全生产教育培训制度建立以及执行情况
		安全教育制度内容不合理，安全教育开展情况较差，人员受教育人数不足50%	50～75分				
		有安全教育制度，组织开展安全教育，但人员受教育人数不足70%	25～50分				
		安全教育制度齐全，按规定组织开展安全教育，人员受教育人数近100%	0～25分				
施工环境 X_7	气候条件 X_{72}	极端气候事件（如强风、强暴雨雪等）频发区域	75～100分	48	0.04	1.92	主要考虑风荷载、雪荷载、地震等对支撑结构、支撑基础以及外防护架等的影响
		极端气候事件多发区域	50～75分				
		极端气候事件偶发区域	25～50分				
		气候条件较好，基本不影响施工安全	0～25分				
评估得分						57.94	

张××评估结果　　　　表 2-2-5

评估对象	评估指标	分级	基本分值(R_{ij})		权重系数(γ_{ij})	评估分值(X_{ij})	说明
			分值范围	取值			
工程规模 X_1	建筑面积 X_{11}	2 万 m^2 以上	75～100 分	80	0.12	9.6	工程建筑面积大，点多面广，风险存在的可能性就大
		1 万 m^2～2 万 m^2	50～75 分				
		0.5 万 m^2～1 万 m^2	25～50 分				
		0.5 万 m^2 以下	0～25 分				
	工程造价 X_{12}	3 亿元以上	75～100 分	79	0.14	11.06	工程造价高，不仅体现出工程体量大，也可能体现工程难度高，风险因素也随之增加
		1 亿元～3 亿元	50～75 分				
		0.5 亿元～1 亿元	25～50 分				
		0.5 亿元以下	0～25 分				
工程复杂性 X_2	危大工程方面 X_{21}	含 5 个以上超一定规模危大工程	75～100 分	65	0.16	10.4	分别考虑危大工程以及超过一定规模的危大工程
		1～5 个超一定规模危大工程	50～75 分				
		有危大工程但未超一定规模	25～50 分				
		无危大工程但施工较复杂	0～25 分				
	施工技术复杂程度 X_{22}	施工技术非常复杂	75～100 分	76	0.17	12.92	综合考虑施工技术复杂程度
		施工技术较复杂	50～75 分				
		施工技术复杂程度一般	25～50 分				
		施工技术不复杂	0～25 分				
人员管理 X_3	项目部人员配置及管理水平 X_{31}	项目部管理人员配备差；人员整体水平低、无管理业绩	75～100 分	56	0.06	3.36	主要考虑项目部管理水平，尤其是项目经理信用指标能力，项目部管理人员配置、整体素质及管理业绩
		项目部管理人员配备不全；人员整体水平较低、管理业绩一般	50～75 分				
		项目部管理人员配备较齐全；人员整体水平较高、管理业绩较明显	25～50 分				
		项目部管理人员配备齐全；人员整体水平高、管理业绩明显	0～25 分				

续上表

<table>
<thead>
<tr><th rowspan="2">评估对象</th><th rowspan="2">评估指标</th><th rowspan="2">分　　级</th><th colspan="2">基本分值(R_{ij})</th><th rowspan="2">权重系数(γ_{ij})</th><th rowspan="2">评估分值(X_{ij})</th><th rowspan="2">说　　明</th></tr>
<tr><th>分值范围</th><th>取值</th></tr>
</thead>
<tbody>
<tr><td rowspan="4">机电设备 X_4</td><td rowspan="4">特种设备种类复杂度 X_{43}</td><td>6 类以上特种设备</td><td>75～100 分</td><td rowspan="4">80</td><td rowspan="4">0.07</td><td rowspan="4">5.6</td><td rowspan="4">考虑行业内特种设备事故频发、严重性;不同设备共用,其潜在的多种事故风险性</td></tr>
<tr><td>4～6 类特种设备</td><td>50～75 分</td></tr>
<tr><td>2～4 类特种设备</td><td>25～50 分</td></tr>
<tr><td>2 类以下特种设备</td><td>0～25 分</td></tr>
<tr><td rowspan="8">安全设施与材料 X_5</td><td rowspan="4">外防护脚手架系统 X_{52}</td><td>开始变形</td><td>75～100 分</td><td rowspan="4">5</td><td rowspan="4">0.11</td><td rowspan="4">0.55</td><td rowspan="4">根据施工方案中确定的动静荷载变化,以及受力构件、附着等的变化情况判定</td></tr>
<tr><td>超过预警值接近变形</td><td>50～75 分</td></tr>
<tr><td>接近预警临界值</td><td>25～50 分</td></tr>
<tr><td>在监测允许范围内</td><td>0～25 分</td></tr>
<tr><td rowspan="4">相关警示标识 X_{55}</td><td>缺少标牌及相关标识</td><td>75～100 分</td><td rowspan="4">5</td><td rowspan="4">0.09</td><td rowspan="4">0.45</td><td rowspan="4">安全通道、危险作业区域、临近危险区域等相关标识是否齐全、清晰、正确</td></tr>
<tr><td>种类不全,标牌损坏</td><td>50～75 分</td></tr>
<tr><td>标识种类存在遗漏,标牌模糊</td><td>25～50 分</td></tr>
<tr><td>标识种类齐全,基本清晰</td><td>0～25 分</td></tr>
<tr><td rowspan="8">日常管控 X_6</td><td rowspan="4">安全管理制度建立及执行情况 X_{62}</td><td>未制订项目安全管理制度</td><td>75～100 分</td><td rowspan="4">49</td><td rowspan="4">0.03</td><td rowspan="4">1.47</td><td rowspan="4">检查是否建立项目部《安全生产责任制》等安全生产管理制度;检查是否制订项目安全管理目标并进行分解,是否制订安全管理目标考核制度并进行考核;检查是否按规定层级签订安全生产责任书</td></tr>
<tr><td>安全管理制度不健全,制度内容不合理</td><td>50～75 分</td></tr>
<tr><td>安全管理制度基本健全,制度内容较为科学合理</td><td>25～50 分</td></tr>
<tr><td>各项安全管理制度健全,制度内容科学合理</td><td>0～25 分</td></tr>
<tr><td rowspan="4">项目安全教育体系建立及执行情况 X_{64}</td><td>未建立项目安全教育制度,项目人员受教育人数不足 30%</td><td>75～100 分</td><td rowspan="4">10</td><td rowspan="4">0.01</td><td rowspan="4">0.1</td><td rowspan="4">项目安全生产教育培训制度建立以及执行情况</td></tr>
<tr><td>安全教育制度内容不合理,安全教育开展情况较差,人员受教育人数不足 50%</td><td>50～75 分</td></tr>
<tr><td>有安全教育制度,组织开展安全教育,但人员受教育人数不足 70%</td><td>25～50 分</td></tr>
<tr><td>安全教育制度齐全,按规定组织开展安全教育,人员受教育人数近 100%</td><td>0～25 分</td></tr>
</tbody>
</table>

续上表

评估对象	评估指标	分级	基本分值(R_{ij})		权重系数(γ_{ij})	评估分值(X_{ij})	说明
			分值范围	取值			
施工环境 X_7	气候条件 X_{72}	极端气候事件(如强风、强暴雨雪等)频发区域	75~100分	30	0.04	1.2	主要考虑风荷载、地震、雪荷载对支撑结构、支撑基础以及外防护架等的影响
		极端气候事件多发区域	50~75分				
		极端气候事件偶发区域	25~50分				
		气候条件较好,基本不影响施工安全	0~25分				
评估得分						56.71	

齐××评估结果 表2-2-6

评估对象	评估指标	分级	基本分值(R_{ij})		权重系数(γ_{ij})	评估分值(X_{ij})	说明
			分值范围	取值			
工程规模 X_1	建筑面积 X_{11}	2万m^2以上	75~100分	84	0.12	10.08	工程建筑面积大,点多面广,风险存在的可能性就大
		1万m^2~2万m^2	50~75分				
		0.5万m^2~1万m^2	25~50分				
		0.5万m^2以下	0~25分				
	工程造价 X_{12}	3亿元以上	75~100分	89	0.14	12.46	工程造价高,不仅体现出工程体量大,也可能体现工程难度高,风险因素也随之增加
		1亿元~3亿元	50~75分				
		0.5亿元~1亿元	25~50分				
		0.5亿元以下	0~25分				
工程复杂性 X_2	危大工程方面 X_{21}	含5个以上超一定规模危大工程	75~100分	51	0.16	8.16	分别考虑危大工程以及超过一定规模的危大工程
		1~5个超一定规模危大工程	50~75分				
		有危大工程但未超一定规模	25~50分				
		无危大工程但施工较复杂	0~25分				
	施工技术复杂程度 X_{22}	施工技术非常复杂	75~100分	84	0.17	14.28	综合考虑施工技术复杂程度
		施工技术较复杂	50~75分				
		施工技术复杂程度一般	25~50分				
		施工技术不复杂	0~25分				

续上表

<table>
<tr><th rowspan="2">评估对象</th><th rowspan="2">评估指标</th><th rowspan="2">分　级</th><th colspan="2">基本分值(R_{ij})</th><th rowspan="2">权重系数(γ_{ij})</th><th rowspan="2">评估分值(X_{ij})</th><th rowspan="2">说　明</th></tr>
<tr><th>分值范围</th><th>取值</th></tr>
<tr><td rowspan="4">人员管理 X_3</td><td rowspan="4">项目部人员配置及管理水平 X_{31}</td><td>项目部管理人员配备差;人员整体水平低、无管理业绩</td><td>75~100分</td><td rowspan="4">64</td><td rowspan="4">0.06</td><td rowspan="4">3.84</td><td rowspan="4">主要考虑项目部管理水平,尤其是项目经理信用指标能力,项目部管理人员配置、整体素质及管理业绩</td></tr>
<tr><td>项目部管理人员配备不全;人员整体水平较低、管理业绩一般</td><td>50~75分</td></tr>
<tr><td>项目部管理人员配备较齐全;人员整体水平较高、管理业绩较明显</td><td>25~50分</td></tr>
<tr><td>项目部管理人员配备齐全;人员整体水平高、管理业绩明显</td><td>0~25分</td></tr>
<tr><td rowspan="4">机电设备 X_4</td><td rowspan="4">特种设备种类复杂度 X_{43}</td><td>6类以上特种设备</td><td>75~100分</td><td rowspan="4">81</td><td rowspan="4">0.07</td><td rowspan="4">5.67</td><td rowspan="4">考虑行业内特种设备事故频发、严重性;不同设备共用,其潜在的多种事故风险性</td></tr>
<tr><td>4~6类特种设备</td><td>50~75分</td></tr>
<tr><td>2~4类特种设备</td><td>25~50分</td></tr>
<tr><td>2类以下特种设备</td><td>0~25分</td></tr>
<tr><td rowspan="8">安全设施与材料 X_5</td><td rowspan="4">外防护脚手架系统 X_{52}</td><td>开始变形</td><td>75~100分</td><td rowspan="5">8</td><td rowspan="5">0.11</td><td rowspan="5">0.88</td><td rowspan="5">根据施工方案中确定的动静荷载变化,以及受力构件、附着等的变化情况判定</td></tr>
<tr><td>超过预警值接近变形</td><td>50~75分</td></tr>
<tr><td>接近预警临界值</td><td>25~50分</td></tr>
<tr><td>在监测允许范围内</td><td>0~25分</td></tr>
<tr><td rowspan="4">相关警示标识 X_{55}</td><td>缺少标牌及相关标识</td><td>75~100分</td></tr>
<tr><td>种类不全,标牌损坏</td><td>50~75分</td><td rowspan="3">1</td><td rowspan="3">0.09</td><td rowspan="3">0.09</td><td rowspan="3">安全通道、危险作业区域、临近危险区域等相关标识是否齐全、清晰、正确</td></tr>
<tr><td>标识种类存在遗漏,标牌模糊</td><td>25~50分</td></tr>
<tr><td>标识种类齐全,基本清晰</td><td>0~25分</td></tr>
<tr><td rowspan="4">日常管控 X_6</td><td rowspan="4">制度建立及执行情况 X_{62}</td><td>未制订项目安全管理制度</td><td>75~100分</td><td rowspan="4">40</td><td rowspan="4">0.03</td><td rowspan="4">1.2</td><td rowspan="4">检查是否建立项目部《安全生产责任制》等安全生产管理制度;检查是否制订项目安全管理目标并进行分解,是否制订安全管理目标考核制度并进行考核;检查是否按规定层级签订安全生产责任书</td></tr>
<tr><td>安全管理制度不健全,制度内容不合理</td><td>50~75分</td></tr>
<tr><td>安全管理制度基本健全,制度内容较为科学合理</td><td>25~50分</td></tr>
<tr><td>各项安全管理制度健全,制度内容科学合理</td><td>0~25分</td></tr>
</table>

续上表

评估对象	评估指标	分级	基本分值(R_{ij})		权重系数(γ_{ij})	评估分值(X_{ij})	说明
			分值范围	取值			
日常管控 X_6	项目安全教育体系建立及执行情况 X_{64}	未建立项目安全教育制度，项目人员受教育人数不足30%	75～100分	14	0.01	0.14	项目安全生产教育培训制度建立以及执行情况
		安全教育制度内容不合理，安全教育开展情况较差，人员受教育人数不足50%	50～75分				
		有安全教育制度，组织开展安全教育，但人员受教育人数不足70%	25～50分				
		安全教育制度齐全，按规定组织开展安全教育，人员受教育人数近100%	0～25分				
施工环境 X_7	气候条件 X_{72}	极端气候事件（如强风、强暴雨雪等）频发区域	75～100分	38	0.04	1.52	主要考虑风荷载、雪荷载对支撑结构、支撑基础以及外防护架等的影响
		极端气候事件多发区域	50～75分				
		极端气候事件偶发区域	25～50分				
		气候条件较好，基本不影响施工安全	0～25分				
评估得分						58.32	

评估人员李××评估结果 表2-2-7

评估对象	评估指标	分级	基本分值(R_{ij})		权重系数(γ_{ij})	评估分值(X_{ij})	说明
			分值范围	取值			
工程规模 X_1	建筑面积 X_{11}	2万m^2以上	75～100分	75	0.12	9	工程建筑面积大，点多面广，风险存在的可能性就大
		1万m^2～2万m^2	50～75分				
		0.5万m^2～1万m^2	25～50分				
		0.5万m^2以下	0～25分				
	工程造价 X_{12}	3亿元以上	75～100分	89	0.14	12.46	工程造价高，不仅体现出工程体量大，也可能体现工程难度高，风险因素也随之增加
		1亿元～3亿元	50～75分				
		0.5亿元～1亿元	25～50分				
		0.5亿元以下	0～25分				

续上表

评估对象	评估指标	分级	基本分值(R_{ij})		权重系数(γ_{ij})	评估分值(X_{ij})	说明
			分值范围	取值			
工程复杂性 X_2	危大工程方面 X_{21}	含5个以上超一定规模危大工程	75~100分	63	0.16	10.08	分别考虑危大工程以及超过一定规模的危大工程
		1~5个超一定规模危大工程	50~75分				
		有危大工程但未超一定规模	25~50分				
		无危大工程但施工较复杂	0~25分				
	施工技术复杂程度 X_{22}	施工技术非常复杂	75~100分	77	0.17	13.09	综合考虑施工技术复杂程度
		施工技术较复杂	50~75分				
		施工技术复杂程度一般	25~50分				
		施工技术不复杂	0~25分				
人员管理 X_3	项目部人员配置及管理水平 X_{31}	项目部管理人员配备差;人员整体水平低、无管理业绩	75~100分	52	0.06	3.12	主要考虑项目部管理水平,尤其是项目经理信用指标能力,项目部管理人员配置、整体素质及管理业绩
		项目部管理人员配备不全;人员整体水平较低、管理业绩一般	50~75分				
		项目部管理人员配备较齐全;人员整体水平较高、管理业绩较明显	25~50分				
		项目部管理人员配备齐全;人员整体水平高、管理业绩明显	0~25分				
机电设备 X_4	特种设备种类复杂度 X_{43}	6类以上特种设备	75~100分	82	0.07	5.74	考虑行业内特种设备事故频发、严重性;不同设备共用,其潜在的多种事故风险性
		4~6类特种设备	50~75分				
		2~4类特种设备	25~50分				
		2类以下特种设备	0~25分				
安全设施与材料 X_5	外防护脚手架系统 X_{52}	开始变形	75~100分	9	0.11	0.99	根据施工方案中确定的动静荷载变化,以及受力构件、附着等的变化情况判定
		超过预警值接近变形	50~75分				
		接近预警临界值	25~50分				
		在监测允许范围内	0~25分				
		缺少标牌及相关标识	75~100分				
	相关警示标识 X_{55}	种类不全,标牌损坏	50~75分	1	0.09	0.09	安全通道、危险作业区域、临近危险区域等相关标识是否齐全、清晰、正确
		标识种类存在遗漏,标牌模糊	25~50分				
		标识种类齐全,基本清晰	0~25分				

续上表

评估对象	评估指标	分级	基本分值(R_{ij})		权重系数(γ_{ij})	评估分值(X_{ij})	说明
			分值范围	取值			
日常管控X_6	安全管理制度建立及执行情况X_{62}	未制订项目安全管理制度	75～100分	36	0.03	1.08	检查是否建立项目部《安全生产责任制》等安全生产管理制度;检查是否制订项目安全管理目标并进行分解,是否制订安全管理目标考核制度并进行考核;检查是否按规定层级签订安全生产责任书
		安全管理制度不健全,制度内容不合理	50～75分				
		安全管理制度基本健全,制度内容较为科学合理	25～50分				
		各项安全管理制度健全,制度内容科学合理	0～25分				
	项目安全教育体系建立及执行情况X_{64}	未建立项目安全教育制度,项目人员受教育人数不足30%	75～100分	8	0.01	0.08	项目安全生产教育培训制度建立以及执行情况
		安全教育制度内容不合理,安全教育开展情况较差,人员受教育人数不足50%	50～75分				
		有安全教育制度,组织开展安全教育,但人员受教育人数不足70%	25～50分				
		安全教育制度齐全,按规定组织开展安全教育,人员受教育人数近100%	0～25分				
施工环境X_7	气候条件X_{72}	极端气候事件(如强风、强暴雨雪等)频发区域	75～100分	32	0.04	1.28	主要考虑风荷载、雪荷载对支撑结构、支撑基础以及外防护架等的影响
		极端气候事件多发区域	50～75分				
		极端气候事件偶发区域	25～50分				
		气候条件较好,基本不影响施工安全	0～25分				
评估得分						57.01	

夏××评估结果

表 2-2-8

<table>
<tr><th rowspan="2">评估对象</th><th rowspan="2">评估指标</th><th rowspan="2">分　级</th><th colspan="2">基本分值(R_{ij})</th><th rowspan="2">权重系数(γ_{ij})</th><th rowspan="2">评估分值(X_{ij})</th><th rowspan="2">说　明</th></tr>
<tr><th>分值范围</th><th>取值</th></tr>
<tr><td rowspan="8">工程规模 X_1</td><td rowspan="4">建筑面积 X_{11}</td><td>2 万 m^2 以上</td><td>75～100 分</td><td rowspan="4">99</td><td rowspan="4">0.12</td><td rowspan="4">11.88</td><td rowspan="4">工程建筑面积大，点多面广，风险存在的可能性就大</td></tr>
<tr><td>1 万 m^2～2 万 m^2</td><td>50～75 分</td></tr>
<tr><td>0.5 万 m^2～1 万 m^2</td><td>25～50 分</td></tr>
<tr><td>0.5 万 m^2 以下</td><td>0～25 分</td></tr>
<tr><td rowspan="4">工程造价 X_{12}</td><td>3 亿元以上</td><td>75～100 分</td><td rowspan="4">80</td><td rowspan="4">0.14</td><td rowspan="4">11.20</td><td rowspan="4">工程造价高，不仅体现出工程体量大，也可能体现工程难度高，风险因素也随之增加</td></tr>
<tr><td>1 亿元～3 亿元</td><td>50～75 分</td></tr>
<tr><td>0.5 亿元～1 亿元</td><td>25～50 分</td></tr>
<tr><td>0.5 亿元以下</td><td>0～25 分</td></tr>
<tr><td rowspan="8">工程复杂性 X_2</td><td rowspan="4">危大工程方面 X_{21}</td><td>含 5 个以上超一定规模危大工程</td><td>75～100 分</td><td rowspan="4">50</td><td rowspan="4">0.16</td><td rowspan="4">8</td><td rowspan="4">分别考虑危大工程以及超过一定规模的危大工程</td></tr>
<tr><td>1～5 个超一定规模危大工程</td><td>50～75 分</td></tr>
<tr><td>有危大工程但未超一定规模</td><td>25～50 分</td></tr>
<tr><td>无危大工程但施工较复杂</td><td>0～25 分</td></tr>
<tr><td rowspan="4">施工技术复杂程度 X_{22}</td><td>施工技术非常复杂</td><td>75～100 分</td><td rowspan="4">76</td><td rowspan="4">0.17</td><td rowspan="4">12.92</td><td rowspan="4">综合考虑施工技术复杂程度</td></tr>
<tr><td>施工技术较复杂</td><td>50～75 分</td></tr>
<tr><td>施工技术复杂程度一般</td><td>25～50 分</td></tr>
<tr><td>施工技术不复杂</td><td>0～25 分</td></tr>
<tr><td rowspan="4">人员管理 X_3</td><td rowspan="4">项目部人员配置及管理水平 X_{31}</td><td>项目部管理人员配备差；人员整体水平低、无管理业绩</td><td>75～100 分</td><td rowspan="4">55</td><td rowspan="4">0.06</td><td rowspan="4">3.3</td><td rowspan="4">主要考虑项目部管理水平，尤其是项目经理信用指标能力，项目部管理人员配置、整体素质及管理业绩</td></tr>
<tr><td>项目部管理人员配备不全；人员整体水平较低、管理业绩一般</td><td>50～75 分</td></tr>
<tr><td>项目部管理人员配备较齐全；人员整体水平较高、管理业绩较明显</td><td>25～50 分</td></tr>
<tr><td>项目部管理人员配备齐全；人员整体水平高、管理业绩明显</td><td>0～25 分</td></tr>
</table>

续上表

评估对象	评估指标	分级	基本分值(R_{ij}) 分值范围	取值	权重系数(γ_{ij})	评估分值(X_{ij})	说明
机电设备 X_4	特种设备种类复杂度 X_{43}	6类以上特种设备	75~100分	87	0.07	6.09	考虑行业内特种设备事故频发、严重性;不同设备共用,其潜在的多种事故风险性
		4~6类特种设备	50~75分				
		2~4类特种设备	25~50分				
		2类以下特种设备	0~25分				
安全设施与材料 X_5	外防护脚手架系统 X_{52}	开始变形	75~100分	9	0.11	0.99	根据施工方案中确定的动静荷载变化,以及受力构件、附着等的变化情况判定
		超过预警值接近变形	50~75分				
		接近预警临界值	25~50分				
		在监测允许范围内	0~25分				
	相关警示标识 X_{55}	缺少标牌及相关标识	75~100分	15	0.09	1.35	安全通道、危险作业区域、临近危险区域等相关标识是否齐全、清晰、正确
		种类不全,标牌损坏	50~75分				
		标识种类存在遗漏,标牌模糊	25~50分				
		标识种类齐全,基本清晰	0~25分				
日常管控 X_6	安全管理制度建立及执行情况 X_{62}	未制订项目安全管理制度	75~100分	45	0.03	1.35	检查是否建立项目部《安全生产责任制》等安全生产管理制度;检查是否制订项目安全管理目标并进行分解,是否制订安全管理目标考核制度并进行考核;检查是否按规定层级签订安全生产责任书
		安全管理制度不健全,制度内容不合理	50~75分				
		安全管理制度基本健全,制度内容较为科学合理	25~50分				
		各项安全管理制度健全,制度内容科学合理	0~25分				
	项目安全教育体系建立及执行情况 X_{64}	未建立项目安全教育制度,项目人员受教育人数不足30%	75~100分	7	0.01	0.07	项目安全生产教育培训制度建立以及执行情况
		安全教育制度内容不合理,安全教育开展情况较差,人员受教育人数不足50%	50~75分				
		有安全教育制度,组织开展安全教育,但人员受教育人数不足70%	25~50分				
		安全教育制度齐全,按规定组织开展安全教育,人员受教育人数近100%	0~25分				

续上表

<table>
<tr><th rowspan="2">评估对象</th><th rowspan="2">评估指标</th><th rowspan="2">分　级</th><th colspan="2">基本分值(R_{ij})</th><th rowspan="2">权重系数(γ_{ij})</th><th rowspan="2">评估分值(X_{ij})</th><th rowspan="2">说　明</th></tr>
<tr><th>分值范围</th><th>取值</th></tr>
<tr><td rowspan="4">施工环境 X_7</td><td rowspan="4">气候条件 X_{72}</td><td>极端气候事件(如强风、强暴雨雪等)频发区域</td><td>75~100分</td><td rowspan="4">50</td><td rowspan="4">0.04</td><td rowspan="4">2</td><td rowspan="4">主要考虑风荷载、雪荷载对支撑结构、支撑基础以及外防护架等的影响</td></tr>
<tr><td>极端气候事件多发区域</td><td>50~75分</td></tr>
<tr><td>极端气候事件偶发区域</td><td>25~50分</td></tr>
<tr><td>气候条件较好,基本不影响施工安全</td><td>0~25分</td></tr>
<tr><td colspan="6">评估得分</td><td colspan="2">59.15</td></tr>
</table>

史××评估结果 表2-2-9

<table>
<tr><th rowspan="2">评估对象</th><th rowspan="2">评估指标</th><th rowspan="2">分　级</th><th colspan="2">基本分值(R_{ij})</th><th rowspan="2">权重系数(γ_{ij})</th><th rowspan="2">评估分值(X_{ij})</th><th rowspan="2">说　明</th></tr>
<tr><th>分值范围</th><th>取值</th></tr>
<tr><td rowspan="8">工程规模 X_1</td><td rowspan="4">建筑面积 X_{11}</td><td>2万m^2以上</td><td>75~100分</td><td rowspan="4">90</td><td rowspan="4">0.12</td><td rowspan="4">10.8</td><td rowspan="4">工程建筑面积大,点多面广,风险存在的可能性就大</td></tr>
<tr><td>1万m^2~2万m^2</td><td>50~75分</td></tr>
<tr><td>0.5万m^2~1万m^2</td><td>25~50分</td></tr>
<tr><td>0.5万m^2以下</td><td>0~25分</td></tr>
<tr><td rowspan="4">工程造价 X_{12}</td><td>3亿元以上</td><td>75~100分</td><td rowspan="4">83</td><td rowspan="4">0.14</td><td rowspan="4">11.62</td><td rowspan="4">工程造价高,不仅体现出工程体量大,也可能体现工程难度高,风险因素也随之增加</td></tr>
<tr><td>1亿元~3亿元</td><td>50~75分</td></tr>
<tr><td>0.5亿元~1亿元</td><td>25~50分</td></tr>
<tr><td>0.5亿元以下</td><td>0~25分</td></tr>
<tr><td rowspan="8">工程复杂性 X_2</td><td rowspan="4">危大工程方面 X_{21}</td><td>含5个以上超一定规模危大工程</td><td>75~100分</td><td rowspan="4">52</td><td rowspan="4">0.16</td><td rowspan="4">8.32</td><td rowspan="4">分别考虑危大工程以及超过一定规模的危大工程</td></tr>
<tr><td>1~5个超一定规模危大工程</td><td>50~75分</td></tr>
<tr><td>有危大工程但未超一定规模</td><td>25~50分</td></tr>
<tr><td>无危大工程但施工较复杂</td><td>0~25分</td></tr>
<tr><td rowspan="4">施工技术复杂程度 X_{22}</td><td>施工技术非常复杂</td><td>75~100分</td><td rowspan="4">80</td><td rowspan="4">0.17</td><td rowspan="4">13.6</td><td rowspan="4">综合考虑施工技术复杂程度</td></tr>
<tr><td>施工技术较复杂</td><td>50~75分</td></tr>
<tr><td>施工技术复杂程度一般</td><td>25~50分</td></tr>
<tr><td>施工技术不复杂</td><td>0~25分</td></tr>
</table>

续上表

评估对象	评估指标	分级	基本分值(R_{ij})		权重系数(γ_{ij})	评估分值(X_{ij})	说明
			分值范围	取值			
人员管理 X_3	项目部人员配置及管理水平 X_{31}	项目部管理人员配备差;人员整体水平低、无管理业绩	75~100分	73	0.06	4.38	主要考虑项目部管理水平,尤其是项目经理信用指标能力,项目部管理人员配置、整体素质及管理业绩
		项目部管理人员配备不全;人员整体水平较低、管理业绩一般	50~75分				
		项目部管理人员配备较齐全;人员整体水平较高、管理业绩较明显	25~50分				
		项目部管理人员配备齐全;人员整体水平高、管理业绩明显	0~25分				
机电设备 X_4	特种设备种类复杂度 X_{43}	6类以上特种设备	75~100分	76	0.07	5.32	考虑行业内特种设备事故频发、严重性;不同设备共用,其潜在的多种事故风险性
		4~6类特种设备	50~75分				
		2~4类特种设备	25~50分				
		2类以下特种设备	0~25分				
安全设施与材料 X_5	外防护脚手架系统 X_{52}	开始变形	75~100分	6	0.11	0.66	根据施工方案中确定的动静荷载变化,以及受力构件、附着等的变化情况判定
		超过预警值接近变形	50~75分				
		接近预警临界值	25~50分				
		在监测允许范围内	0~25分				
	相关警示标识 X_{55}	缺少标牌及相关标识	75~100分	18	0.09	1.62	安全通道、危险作业区域、临近危险区域等相关标识是否齐全、清晰、正确
		种类不全,标牌损坏	50~75分				
		标识种类存在遗漏,标牌模糊	25~50分				
		标识种类齐全,基本清晰	0~25分				
日常管控 X_6	安全管理制度建立及执行情况 X_{62}	未制订项目安全管理制度	75~100分	41	0.03	1.23	检查是否建立项目部《安全生产责任制》等安全生产管理制度;检查是否制订项目安全管理目标并进行分解,是否制订安全管理目标考核制度并进行考核;检查是否按规定层级签订安全生产责任书
		安全管理制度不健全,制度内容不合理	50~75分				
		安全管理制度基本健全,制度内容较为科学合理	25~50分				
		各项安全管理制度健全,制度内容科学合理	0~25分				

续上表

评估对象	评估指标	分　级	基本分值(R_{ij})		权重系数(γ_{ij})	评估分值(X_{ij})	说　明
			分值范围	取值			
日常管控 X_6	项目安全教育体系建立及执行情况 X_{64}	未建立项目安全教育制度，项目人员受教育人数不足30%	75～100分	2	0.01	0.02	项目安全生产教育培训制度建立以及执行情况
		安全教育制度内容不合理，安全教育开展情况较差，人员受教育人数不足50%	50～75分				
		有安全教育制度，组织开展安全教育，但人员受教育人数不足70%	25～50分				
		安全教育制度齐全，按规定组织开展安全教育，人员受教育人数近100%	0～25分				
施工环境 X_7	气候条件 X_{72}	极端气候事件（如强风、强暴雨雪等）频发区域	75～100分	25	0.04	1	主要考虑风荷载、雪荷载对支撑结构、支撑基础以及外防护架等的影响
		极端气候事件多发区域	50～75分				
		极端气候事件偶发区域	25～50分				
		气候条件较好，基本不影响施工安全	0～25分				
评估得分						58.57	

幕××评估结果

表 2-2-10

评估对象	评估指标	分　级	基本分值(R_{ij})		权重系数(γ_{ij})	评估分值(X_{ij})	说　明
			分值范围	取值			
工程规模 X_1	建筑面积 X_{11}	2万 m^2 以上	75～100分	84	0.12	10.08	工程建筑面积大，点多面广，风险存在的可能性就大
		1万 m^2～2万 m^2	50～75分				
		0.5万 m^2～1万 m^2	25～50分				
		0.5万 m^2 以下	0～25分				
	工程造价 X_{12}	3亿元以上	75～100分	84	0.14	11.76	工程造价高，不仅体现出工程体量大，也可能体现工程难度高，风险因素也随之增加
		1亿元～3亿元	50～75分				
		0.5亿元～1亿元	25～50分				
		0.5亿元以下	0～25分				

续上表

评估对象	评估指标	分级	基本分值(R_{ij})		权重系数(γ_{ij})	评估分值(X_{ij})	说明
			分值范围	取值			
工程复杂性 X_2	危大工程方面 X_{21}	含5个以上超一定规模危大工程	75~100分	66	0.16	10.56	分别考虑危大工程以及超过一定规模的危大工程
		1~5个超一定规模危大工程	50~75分				
		有危大工程但未超一定规模	25~50分				
		无危大工程但施工较复杂	0~25分				
	施工技术复杂程度 X_{22}	施工技术非常复杂	75~100分	77	0.17	13.09	综合考虑施工技术复杂程度
		施工技术较复杂	50~75分				
		施工技术复杂程度一般	25~50分				
		施工技术不复杂	0~25分				
人员管理 X_3	项目部人员配置及管理水平 X_{31}	项目部管理人员配备差;人员整体水平低、无管理业绩	75~100分	50	0.06	3	主要考虑项目部管理水平,尤其是项目经理信用指标能力,项目部管理人员配置、整体素质及管理业绩
		项目部管理人员配备不全;人员整体水平较低、管理业绩一般	50~75分				
		项目部管理人员配备较齐全;人员整体水平较高、管理业绩较明显	25~50分				
		项目部管理人员配备齐全;人员整体水平高、管理业绩明显	0~25分				
机电设备 X_4	特种设备种类复杂度 X_{43}	6类以上特种设备	75~100分	80	0.07	5.6	考虑行业内特种设备事故频发、严重性;不同设备共用,其潜在的多种事故风险性
		4~6类特种设备	50~75分				
		2~4类特种设备	25~50分				
		2类以下特种设备	0~25分				
安全设施与材料 X_5	外防护脚手架系统 X_{52}	开始变形	75~100分	22	0.11	2.42	根据施工方案中确定的动静荷载变化,以及受力构件、附着等的变化情况判定
		超过预警值接近变形	50~75分				
		接近预警临界值	25~50分				
		在监测允许范围内	0~25分				
	相关警示标识 X_{55}	缺少标牌及相关标识	75~100分	5	0.09	0.45	安全通道、危险作业区域、临近危险区域等相关标识是否齐全、清晰、正确
		种类不全,标牌损坏	50~75分				
		标识种类存在遗漏,标牌模糊	25~50分				
		标识种类齐全,基本清晰	0~25分				

续上表

评估对象	评估指标	分级	基本分值(R_{ij}) 分值范围	取值	权重系数(γ_{ij})	评估分值(X_{ij})	说明
日常管控 X_6	安全管理制度建立及执行情况 X_{62}	未制订项目安全管理制度	75～100 分	41	0.03	1.23	检查是否建立项目部《安全生产责任制》等安全生产管理制度；检查是否制定项目安全管理目标并进行分解，是否制订安全管理目标考核制度并进行考核；检查是否按规定层级签订安全生产责任书
		安全管理制度不健全，制度内容不合理	50～75 分				
		安全管理制度基本健全，制度内容较为科学合理	25～50 分				
		各项安全管理制度健全，制度内容科学合理	0～25 分				
	项目安全教育体系建立及执行情况 X_{64}	未建立项目安全教育制度，项目人员受教育人数不足 30%	75～100 分	17	0.01	0.17	项目安全生产教育培训制度建立以及执行情况
		安全教育制度内容不合理，安全教育开展情况较差，人员受教育人数不足 50%	50～75 分				
		有安全教育制度，组织开展安全教育，但人员受教育人数不足 70%	25～50 分				
		安全教育制度齐全，按规定组织开展安全教育，人员受教育人数近 100%	0～25 分				
施工环境 X_7	气候条件 X_{72}	极端气候事件（如强风、强暴雨雪等）频发区域	75～100 分	33	0.04	1.32	主要考虑风荷载、雪荷载对支撑结构、支撑基础以及外防护架等的影响
		极端气候事件多发区域	50～75 分				
		极端气候事件偶发区域	25～50 分				
		气候条件较好，基本不影响施工安全	0～25 分				
评估得分						59.68	

6.2 评估结果

经过统计计算，专家小组各成员评分分别为：57.94、56.71、58.32、57.01、59.15、58.57、

59.68,平均得分为:58.20。

根据《指南》中表1-0-8风险等级划分,该项目风险等级为Ⅲ级(较大风险)。

7　评估结论

评估小组采用指标体系法对佳景美食广场项目进行复工安全风险评估,最终得分为58.20,根据风险等级划分,该项目复工安全风险等级为较大风险。

建议根据评估小组提出的措施进行完善整改,加强日常管理,加强监控监测,对检查出的问题进行全面专项整治,确保整改到位后方可有序复工。

8　对策措施及建议

(1)涉及危大工程的,应当严格执行《危险性较大的分部分项工程安全管理规定》(住房和城乡建设部令第37号)。

(2)特种设备的安装、拆卸、使用人员经项目技术负责人进行安全技术交底,方可进行相关作业。项目部应针对特种设备的安装、拆卸、使用环节进行危险有害因素辨识、分析,并纳入重大危险源清单管理,同时作为特种设备安装、使用人员安全技术交底的一项重要内容。

(3)多种设备存在交叉作业的,应在施工组织设计或安全策划、专项施工方案中明确交叉作业的安全保障措施;现场存在多台塔吊施工作业的,应当编制群塔作业方案,并严格执行。

(4)项目经理必须具备任职资格,具备较强的专业技术水平、经营管理知识、预结算知识和实际经验,熟练掌控施工、技术、预结算管理的各个环节,能及时解决施工现场的各类问题,具有较强协调能力。

(5)按照国家相关的规定来配备项目管理人员,项目部关键岗位和一般岗位管理人员数量应当满足或高于标准所规定的管理人员数量。

(6)针对突发事件,加强与地方政府沟通,建立相关应急预案联动机制,及时组织演练。

案例3
项城市郑韩棚户区改造项目

1　编制说明

本风险评估报告依托项城市郑韩棚户区改造项目，于项目复工前由评估小组采用指标体系法进行风险评估。

评估小组人员名单和职称，并应亲笔签字，见表2-3-1。

评估小组人员　　表2-3-1

序　　号	姓　　名	职　　称	专　　业	岗　　位	签　　字
1	赵××	高级工程师	建筑工程	项目经理	
2	侯××	工程师	建筑工程	技术负责人	
3	赵××	工程师	工程造价	商务经理	
4	张××	工程师	建筑工程	项目安全负责人	
5	王××	工程师	建筑工程	质检员	

2　编制依据

(1)《建设项目环境风险评价技术导则》(HJ/T 169—2004)；

(2)《突发事件应急预案管理办法》(国办发〔2013〕101号)；

(3)《危险性较大的分部分项工程安全管理规定》(住房和城乡建设部令第37号)；

(4)《建筑施工模板安全技术规范》(JGJ 162—2008)；

(5)《建筑施工扣件式钢管脚手架安全技术规范》(JGJ 130—2011)；

(6)《建筑施工承插型套扣式钢管脚手架》(DBJ 15－98—2014)；

(7)《特种设备安全监察条例》(国务院令第549号)；

(8)《特种设备目录》(质检总局〔2014〕114号)；

(9)《河南省建筑工程安全文明标准化示范工地管理办法》；

(10)《城市房屋建筑和 市政基础设施工程及道路扬尘污染防治标准》；

(11)《河南省建筑工地新型冠状病毒感染肺炎疫情防控指南》；

(12)《项城市郑韩棚户区改造项目施工组织设计》；

(13)《项城市郑韩棚户区改造项目安全事故应急预案》；

(14)《项城市郑韩棚户区改造项目职业健康安全管理方案》。

3　项目简介

3.1　工程概况

项城市郑韩棚户区改造项目位于项城市城区北部，与周口市港口物流产业集聚区、安钢项目相邻，是项城市的北大门。项目处于周口市域城镇发展主轴线上，同时处于周项淮经济发展隆起带内，与郑合高铁片区隔河相望，紧邻沙颍河航道项城闸、宁洛高速项城站，片区内有 G106、S102 穿过，交通便利，区域位置优越，如图 2-3-1 所示。

图 2-3-1　项城项目总平面图

该项目分为 3 个地块建设工程，评估工程为 B－02 地块，总用地面积 113321.84m²，总建筑面积 352851.66m²，其中住宅面积 242611.66m²，幼儿园面积 3457.74m²，商业网点及配套面积 29555.57m²，地下总建筑面积 77226.69m²。项目计划建设期为两年。

该项目的实施能够改善居民生态宜居环境，完善城市功能，提高城市品位，为周项快速路升级改造和配套安钢项目落户港区奠定基础。

工程基本情况见表 2-3-2。

工程项目基本情况一览表　　表 2-3-2

工程名称	项城市郑韩棚户区改造（2 合同段）	工程性质		政府棚户区改造项目
建设规模	住宅、地下车库、商业配套	工程地址		河南省项城市大闸路西北、华盛路西南
总占地面积	113321.84 m²	总建筑面积		352851.66 m²
建设单位	项城市国投资源开发投资管理有限公司	承包范围		土建与机电安装
设计单位	广州博夏建筑设计研究院	主要分包工程		劳务、桩基础、机电、暖通、消防
勘察单位	郑州岩土工程勘察设计院	合同要求	质量	合格
监理单位	圣弘建设股份有限公司		工期	700 天
总承包单位	中煤建工集团有限公司		安全	安全无事故，现场文明达到项城市文明工地标准
工程功能或用途	安置棚户区村民			

3.2 复工前形象进度(表2-3-3、表2-3-4)

复工前郑韩棚户B区主楼完成情况 表2-3-3

1号楼	主体施工完成
10号楼	十二层顶板混凝土浇筑完成
11号楼	负一层(-1.35、-0.05)顶板混凝土浇筑完成
12号楼	筏板混凝土浇筑完成
13号楼	二层顶板混凝土浇筑完成 备注:楼层内(24轴与25轴中间)80cm温度后浇带未浇筑混凝土
15号楼	十二层顶板混凝土浇筑完成 备注:4~12楼层(24轴与25轴中间)80cm温度后浇带未浇筑混凝土
16号楼	主体施工完成
17号楼	六层顶板混凝土浇筑完成 备注:楼层内(24轴与25轴中间)80cm温度后浇带未浇筑混凝土
18号楼	主体施工完成 备注:7~16楼层(24轴与25轴中间)80cm温度后浇带未浇筑混凝土
19号楼	主体施工完成
20号楼	主体施工完成 备注:15~16楼层(24轴与25轴中间)80cm温度后浇带未浇筑混凝土
21号楼	负一层顶板混凝土浇筑完成
22号楼	十一层顶板混凝土浇筑完成

复工前郑韩棚户B区地库施工完成情况 表2-3-4

一工区地库防水保护层混凝土已浇筑完成	地库编号1、2、8、11、12、17、18、19、20、25、26、27、35、36
一工区地库筏板混凝土浇筑完成	地库编号9、31、37、38、39、40
一工区地库顶板混凝土浇筑完成	地库编号10、32、33、41
二工区地库顶板混凝土浇筑完成	地库编号3、4、5、6、7、13、14、15、16、21、22、23、24、28、29、30、34
备注:地库后浇带未浇筑、裙房未施工	

3.3 安全重点及难点

(1)地下室面积大,地下水位较高,筏板基础和挡土墙施工的混凝土抗裂、抗渗、防水施工要求高,需采用特殊技术措施。

(2)该项目主楼较多,塔吊数量多,群塔交叉作业难度大。

(3)土建、装饰、安装等各工种交叉作业多,对项目部组织、协调及管理能力提出较高要求,同时对施工整体进度起到一定约束作用。

3.4 工程采取的主要方案(表2-3-5)

(1)《项城市郑韩棚户区改造项目落地式脚手架施工方案》;
(2)《项城市郑韩棚户区改造项目悬挑式脚手架施工方案》;
(3)《项城市郑韩棚户区改造项目混凝土工程施工方案》;
(4)《项城市郑韩棚户区改造项目钢筋工程施工方案》;
(5)《项城市郑韩棚户区改造项目模板工程方案》;
(6)《项城市郑韩棚户区改造项目土方开挖施工方案》。

项目编制的主要施工方案

表2-3-5

序　号	方案名称	序　号	方案名称
1	混凝土工程施工方案	6	急性职业中毒应急预案
2	钢筋工程施工方案	7	临水、临电施工方案
3	模板工程施工方案	8	雨季、高温施工方案
4	落地式脚手架施工方案	9	土方开挖施工方案
5	悬挑式脚手架施工方案	10	防雷接地专项施工方案

4 评估方法及技术路线

4.1 评估方法

对项城市郑韩项目复工安全风险,采用指标体系法进行评估。将整个项目风险评估的指标划分为7个分项,即工程规模、工程复杂性、人员管理、机电设备、安全设施与材料、日常管控、施工环境,根据各分项的具体情况建立若干评估指标,从而建立评估体系。参见《指南》表1-0-7。在对具体指标进行评估时,对表1-0-7所列31个指标中选出7项比较重要的指标进行排序。

4.2 评估路线

指标体系法安全风险评估的工作流程如图2-3-2所示。

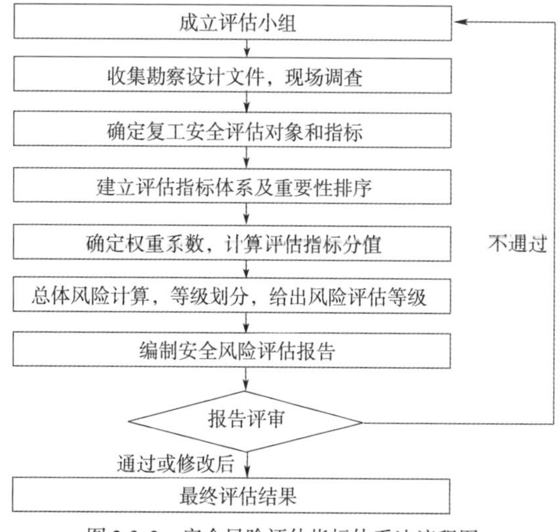

图2-3-2　安全风险评估指标体系法流程图

5　评估内容

经评估小组研究，根据项目的施工特点，在风险评估指标库中选取 7 项重要指标进行综合分析考评打分，选取的 7 项指标分别为：①建筑面积；②项目部人员配置及管理水平；③特种设备使用规模；④外防护脚手架系统；⑤施工技术复杂程度；⑥项目开展安全检查情况；⑦建筑高度。

结合项目实际情况，对这 7 项指标重要性进行排序，通过指标体系法确定其各自的权重系数 $\gamma = \dfrac{2n - 2m + 1}{n^2}$，经过计算，排序后各指标权重系数见表 2-3-6。

各指标重要性排序　　表 2-3-6

序　号	指 标 名 称	权 重 系 数
1	建筑面积	0.27
2	项目部人员配置及管理水平	0.22
3	项目开展安全检查情况	0.18
4	特种设备使用规模	0.14
5	外防护脚手架系统	0.10
6	施工技术复杂程度	0.06
7	建筑高度	0.03

6　评估情况

6.1　评估过程

评估小组共有 5 名人员组成，采用指标体系法对项目复工安全风险分别进行了评估，其评结果见表 2-3-7 ~ 表 2-3-11。

赵 × × 评估结果　　表 2-3-7

评估对象	评估指标	分　级	基本分值(R_{ij})		权重系数(γ_{ij})	评估分值(X_{ij})	说　明
			分值范围	取值			
工程规模 X_1	建筑面积 X_{11}	2 万 m^2 以上	75 ~ 100 分	87	0.27	23.49	工程建筑面积大，点多面广，风险存在的可能性就大
		1 万 m^2 ~ 2 万 m^2	50 ~ 75 分				
		0.5 万 m^2 ~ 1 万 m^2	25 ~ 50 分				
		0.5 万 m^2 以下	0 ~ 25 分				
	建筑高度 X_{13}	超高层	75 ~ 100 分	56	0.02	1.68	建筑高度越高，风险越大，相关防护要求也越高
		高层	50 ~ 75 分				
		多层	25 ~ 50 分				
		别墅区	0 ~ 25 分				
工程复杂性 X_2	施工技术复杂程度 X_{22}	施工技术非常复杂	75 ~ 100 分	40	0.06	2.40	综合考虑施工技术复杂程度
		施工技术较复杂	50 ~ 75 分				
		施工技术复杂程度一般	25 ~ 50 分				
		施工技术不复杂	0 ~ 25 分				

续上表

评估对象	评估指标	分级	基本分值(R_{ij})		权重系数(γ_{ij})	评估分值(X_{ij})	说明
			分值范围	取值			
人员管理 X_3	项目部人员配置及管理水平 X_{31}	项目部管理人员配备差;人员整体水平低、无管理业绩	75~100分	38	0.22	8.36	主要考虑项目部管理水平,尤其是项目经理信用指标能力,项目部管理人员配置、整体素质及管理业绩
		项目部管理人员配备不全;人员整体水平较低、管理业绩一般	50~75分				
		项目部管理人员配备较齐全;人员整体水平较高、管理业绩较明显	25~50分				
		项目部管理人员配备齐全;人员整体水平高、管理业绩明显	0~25分				
机电设备 X_4	特种设备使用规模 X_{42}	占设备总量30%以上	75~100分	84	0.14	11.76	考虑行业内特种设备事故严重性、频发性;占比越高,事故风险点越多,管控难度越大
		占设备总量总20%~30%	50~75分				
		占设备总量10%~20%	25~50分				
		占设备总量10%以下	0~25分				
安全设施与材料 X_5	外防护脚手架系统 X_{52}	开始变形	75~100分	12	0.10	1.20	根据施工方案中确定的动静荷载变化,以及受力构件、附着等的变化情况判定
		超过预警值接近变形	50~75分				
		接近预警临界值	25~50分				
		在监测允许范围内	0~25分				
日常管控 X_6	项目开展安全检查情况 X_{65}	未制订项目安全检查制度,不能按要求开展安全检查且无记录	75~100分	37	0.18	6.66	项目安全生产检查制度建立以及执行情况
		安全检查制度内容不完善,基本能开展检查,但记录不规范	50~75分				
		安全检查制度基本符合规定,能做到自查自检,但活动记录不规范	25~50分				
		安全检查制度符合规定,项目部能做到周检,记录比较规范	0~25分				
评估得分						55.55	

侯××评估结果 表 2-3-8

评估对象	评估指标	分级	基本分值(R_{ij})		权重系数(γ_{ij})	评估分值(X_{ij})	说明
			分值范围	取值			
工程规模 X_1	建筑面积 X_{11}	2 万 m^2 以上	75 ~ 100 分	90	0.27	24.30	工程建筑面积大，点多面广，风险存在的可能性就大
		1 万 m^2 ~ 2 万 m^2	50 ~ 75 分				
		0.5 万 m^2 ~ 1 万 m^2	25 ~ 50 分				
		0.5 万 m^2 以下	0 ~ 25 分				
	建筑高度 X_{13}	超高层	75 ~ 100 分	60	0.03	1.80	建筑高度越高，风险越大，相关防护要求也越高
		高层	50 ~ 75 分				
		多层	25 ~ 50 分				
		别墅区	0 ~ 25 分				
工程复杂性 X_2	施工技术复杂程度 X_{22}	施工技术非常复杂	75 ~ 100 分	30	0.06	1.80	综合考虑施工技术复杂程度
		施工技术较复杂	50 ~ 75 分				
		施工技术复杂程度一般	25 ~ 50 分				
		施工技术不复杂	0 ~ 25 分				
人员管理 X_3	项目部人员配置及管理水平 X_{31}	项目部管理人员配备差；人员整体水平低、无管理业绩	75 ~ 100 分	30	0.22	6.60	主要考虑项目部管理水平，尤其是项目经理信用指标能力，项目部管理人员配置、整体素质及管理业绩
		项目部管理人员配备不全；人员整体水平较低、管理业绩一般	50 ~ 75 分				
		项目部管理人员配备较齐全；人员整体水平较高、管理业绩较明显	25 ~ 50 分				
		项目部管理人员配备齐全；人员整体水平高、管理业绩明显	0 ~ 25 分				
机电设备 X_4	特种设备使用规模 X_{42}	占设备总量 30% 以上	75 ~ 100 分	76	0.14	10.64	考虑行业内特种设备事故严重性、频发性；占比越高，事故风险点越多，管控难度越大
		占设备总量总 20% ~ 30%	50 ~ 75 分				
		占设备总量 10% ~ 20%	25 ~ 50 分				
		占设备总量 10% 以下	0 ~ 25 分				
安全设施与材料 X_5	外防护脚手架系统 X_{52}	开始变形	75 ~ 100 分	18	0.10	1.80	根据施工方案中确定的动静荷载变化，以及受力构件、附着等的变化情况判定
		超过预警值接近变形	50 ~ 75 分				
		接近预警临界值	25 ~ 50 分				
		在监测允许范围内	0 ~ 25 分				

续上表

评估对象	评估指标	分级	基本分值(R_{ij}) 分值范围	基本分值(R_{ij}) 取值	权重系数(γ_{ij})	评估分值(X_{ij})	说明
日常管控 X_6	项目开展安全检查情况 X_{65}	未制订项目安全检查制度,不能按要求开展安全检查且无记录	75~100分	44	0.18	7.92	项目安全生产检查制度建立以及执行情况
		安全检查制度内容不完善,基本能开展检查,但记录不规范	50~75分				
		安全检查制度基本符合规定,能做到自查自检,但活动记录不规范	25~50分				
		安全检查制度符合规定,项目部能做到周检,记录比较规范	0~25分				
评估得分						54.86	

赵××评估结果

表 2-3-9

评估对象	评估指标	分级	基本分值(R_{ij}) 分值范围	基本分值(R_{ij}) 取值	权重系数(γ_{ij})	评估分值(X_{ij})	说明
工程规模 X_1	建筑面积 X_{11}	2万m^2以上	75~100分	82	0.27	22.14	工程建筑面积大,点多面广,风险存在的可能性就大
		1万m^2~2万m^2	50~75分				
		0.5万m^2~1万m^2	25~50分				
		0.5万m^2以下	0~25分				
	建筑高度 X_{13}	超高层	75~100分	60	0.03	1.80	建筑高度越高,风险越大,相关防护要求也越高
		高层	50~75分				
		多层	25~50分				
		别墅区	0~25分				
工程复杂性 X_2	施工技术复杂程度 X_{22}	施工技术非常复杂	75~100分	34	0.06	2.04	综合考虑施工技术复杂程度
		施工技术较复杂	50~75分				
		施工技术复杂程度一般	25~50分				
		施工技术不复杂	0~25分				
人员管理 X_3	项目部人员配置及管理水平 X_{31}	项目部管理人员配备差;人员整体水平低、无管理业绩	75~100分	48	0.22	10.56	主要考虑项目部管理水平,尤其是项目经理信用指标能力,项目部管理人员配置、整体素质及管理业绩
		项目部管理人员配备不全;人员整体水平较低、管理业绩一般	50~75分				

续上表

评估对象	评估指标	分级	基本分值(R_{ij})		权重系数(γ_{ij})	评估分值(X_{ij})	说明
			分值范围	取值			
人员管理 X_3	项目部人员配置及管理水平 X_{31}	项目部管理人员配备较齐全;人员整体水平较高、管理业绩较明显	25~50分				
		项目部管理人员配备齐全;人员整体水平高、管理业绩明显	0~25分				
机电设备 X_4	特种设备使用规模 X_{42}	占设备总量30%以上	75~100分	84	0.14	11.76	考虑行业内特种设备事故严重性、频发性;占比越高,事故风险点越多,管控难度越大
		占设备总量总20%~30%	50~75分				
		占设备总量10%~20%	25~50分				
		占设备总量10%以下	0~25分				
安全设施与材料 X_5	外防护脚手架系统 X_{52}	开始变形	75~100分	11	0.10	1.10	根据施工方案中确定的动静荷载变化,以及受力构件、附着等的变化情况判定
		超过预警值接近变形	50~75分				
		接近预警临界值	25~50分				
		在监测允许范围内	0~25分				
日常管控 X_6	项目开展安全检查情况 X_{65}	未制订项目安全检查制度,不能按要求开展安全检查且无记录	75~100分	37	0.18	6.66	项目安全生产检查制度建立以及执行情况
		安全检查制度内容不完善,基本能开展检查,但记录不规范	50~75分				
		安全检查制度基本符合规定,能做到自查自检,但活动记录不规范	25~50分				
		安全检查制度符合规定,项目部能做到周检,记录比较规范	0~25分				
评估得分						56.06	

张××评估结果 表2-3-10

评估对象	评估指标	分级	基本分值(R_{ij})		权重系数(γ_{ij})	评估分值(X_{ij})	说明
			分值范围	取值			
工程规模 X_1	建筑面积 X_{11}	2万m^2以上	75~100分	79	0.27	21.33	工程建筑面积大,点多面广,风险存在的可能性就大
		1万m^2~2万m^2	50~75分				
		0.5万m^2~1万m^2	25~50分				
		0.5万m^2以下	0~25分				
	建筑高度 X_{13}	超高层	75~100分	63	0.02	1.89	建筑高度越高,风险越大,相关防护要求也越高
		高层	50~75分				
		多层	25~50分				
		别墅区	0~25分				

续上表

评估对象	评估指标	分　级	基本分值(R_{ij})		权重系数(γ_{ij})	评估分值(X_{ij})	说　明
			分值范围	取值			
工程复杂性 X_2	施工技术复杂程度 X_{22}	施工技术非常复杂	75~100分	34	0.06	2.04	综合考虑施工技术复杂程度
		施工技术较复杂	50~75分				
		施工技术复杂程度一般	25~50分				
		施工技术不复杂	0~25分				
人员管理 X_3	项目部人员配置及管理水平 X_{31}	项目部管理人员配备差;人员整体水平低、无管理业绩	75~100分	41	0.22	9.02	主要考虑项目部管理水平,尤其是项目经理信用指标能力,项目部管理人员配置、整体素质及管理业绩
		项目部管理人员配备不全;人员整体水平较低、管理业绩一般	50~75分				
		项目部管理人员配备较齐全;人员整体水平较高、管理业绩较明显	25~50分				
		项目部管理人员配备齐全;人员整体水平高、管理业绩明显	0~25分				
机电设备 X_4	特种设备使用规模 X_{42}	占设备总量30%以上	75~100分	81	0.14	11.34	考虑行业内特种设备事故严重性、频发性;占比越高,事故风险点越多,管控难度越大
		占设备总量总20%~30%	50~75分				
		占设备总量10%~20%	25~50分				
		占设备总量10%以下	0~25分				
安全设施与材料 X_5	外防护脚手架系统 X_{52}	开始变形	75~100分	11	0.10	1.10	根据施工方案中确定的动静荷载变化,以及受力构件、附着等的变化情况判定
		超过预警值接近变形	50~75分				
		接近预警临界值	25~50分				
		在监测允许范围内	0~25分				
日常管控 X_6	项目开展安全检查情况 X_{65}	未制订项目安全检查制度,不能按要求开展安全检查且无记录	75~100分	47	0.18	8.46	项目安全生产检查制度建立以及执行情况
		安全检查制度内容不完善,基本能开展检查,但记录不规范	50~75分				
		安全检查制度基本符合规定,能做到自查自检,但活动记录不规范	25~50分				
		安全检查制度符合规定,项目部能做到周检,记录比较规范	0~25分				
评估得分						55.18	

王××评估结果　　表 2-3-11

<table>
<tr><th rowspan="2">评估对象</th><th rowspan="2">评估指标</th><th rowspan="2">分　级</th><th colspan="2">基本分值(R_{ij})</th><th rowspan="2">权重系数(γ_{ij})</th><th rowspan="2">评估分值(X_{ij})</th><th rowspan="2">说　明</th></tr>
<tr><th>分值范围</th><th>取值</th></tr>
<tr><td rowspan="8">工程规模 X_1</td><td rowspan="4">建筑面积 X_{11}</td><td>2 万 m^2 以上</td><td>75～100 分</td><td rowspan="4">93</td><td rowspan="4">0.27</td><td rowspan="4">25.11</td><td rowspan="4">工程建筑面积大,点多面广,风险存在的可能性就大</td></tr>
<tr><td>1 万 m^2～2 万 m^2</td><td>50～75 分</td></tr>
<tr><td>0.5 万 m^2～1 万 m^2</td><td>25～50 分</td></tr>
<tr><td>0.5 万 m^2 以下</td><td>0～25 分</td></tr>
<tr><td rowspan="4">建筑高度 X_{13}</td><td>超高层</td><td>75～100 分</td><td rowspan="4">62</td><td rowspan="4">0.03</td><td rowspan="4">1.86</td><td rowspan="4">建筑高度越高,风险越大,相关防护要求也越高</td></tr>
<tr><td>高层</td><td>50～75 分</td></tr>
<tr><td>多层</td><td>25～50 分</td></tr>
<tr><td>别墅区</td><td>0～25 分</td></tr>
<tr><td rowspan="4">工程复杂性 X_2</td><td rowspan="4">施工技术复杂程度 X_{22}</td><td>施工技术非常复杂</td><td>75～100 分</td><td rowspan="4">50</td><td rowspan="4">0.06</td><td rowspan="4">3.00</td><td rowspan="4">综合考虑施工技术复杂程度</td></tr>
<tr><td>施工技术较复杂</td><td>50～75 分</td></tr>
<tr><td>施工技术复杂程度一般</td><td>25～50 分</td></tr>
<tr><td>施工技术不复杂</td><td>0～25 分</td></tr>
<tr><td rowspan="4">人员管理 X_3</td><td rowspan="4">项目部人员配置及管理水平 X_{31}</td><td>项目部管理人员配备差;人员整体水平低、无管理业绩</td><td>75～100 分</td><td rowspan="4">37</td><td rowspan="4">0.22</td><td rowspan="4">8.14</td><td rowspan="4">主要考虑项目部管理水平,尤其是项目经理信用指标能力,项目部管理人员配置、整体素质及管理业绩</td></tr>
<tr><td>项目部管理人员配备不全;人员整体水平较低、管理业绩一般</td><td>50～75 分</td></tr>
<tr><td>项目部管理人员配备较齐全;人员整体水平较高、管理业绩较明显</td><td>25～50 分</td></tr>
<tr><td>项目部管理人员配备齐全;人员整体水平高、管理业绩明显</td><td>0～25 分</td></tr>
<tr><td rowspan="4">机电设备 X_4</td><td rowspan="4">特种设备使用规模 X_{42}</td><td>占设备总量 30% 以上</td><td>75～100 分</td><td rowspan="4">86</td><td rowspan="4">0.14</td><td rowspan="4">12.04</td><td rowspan="4">考虑行业内特种设备事故严重性、频发性;占比越高,事故风险点越多,管控难度越大</td></tr>
<tr><td>占设备总量总 20%～30%</td><td>50～75 分</td></tr>
<tr><td>占设备总量 10%～20%</td><td>25～50 分</td></tr>
<tr><td>占设备总量 10% 以下</td><td>0～25 分</td></tr>
<tr><td rowspan="4">安全设施与材料 X_5</td><td rowspan="4">外防护脚手架系统 X_{52}</td><td>开始变形</td><td>75～100 分</td><td rowspan="4">22</td><td rowspan="4">0.10</td><td rowspan="4">2.20</td><td rowspan="4">根据施工方案中确定的动静荷载变化,以及受力构件、附着等的变化情况判定</td></tr>
<tr><td>超过预警值接近变形</td><td>50～75 分</td></tr>
<tr><td>接近预警临界值</td><td>25～50 分</td></tr>
<tr><td>在监测允许范围内</td><td>0～25 分</td></tr>
</table>

续上表

评估对象	评估指标	分级	基本分值(R_{ij})		权重系数(γ_{ij})	评估分值(X_{ij})	说明
			分值范围	取值			
日常管控 X_6	项目开展安全检查情况 X_{65}	未制订项目安全检查制度,不能按要求开展安全检查且无记录	75~100分	44	0.18	7.92	项目安全生产检查制度建立以及执行情况
		安全检查制度内容不完善,基本能开展检查,但记录不规范	50~75分				
		安全检查制度基本符合规定,能做到自查自检,但活动记录不规范	25~50分				
		安全检查制度符合规定,项目部能做到周检,记录比较规范	0~25分				
评估得分						60.27	

6.2 评估结果

经过统计计算,评估小组各成员评分分别为:55.55,54.86,56.06,55.18,60.27,平均得分为56.38。

根据《指南》中表1-0-8风险等级划分,该项目风险等级为Ⅲ级(较大风险)。

7 评估结论

根据评估小组采用指标体系法对项城市郑韩棚户区改造项目进行复工安全风险评估,最终得分为56.38。根据风险等级划分,该项目风险等级为较大风险。

建议根据评估小组提出的措施进行完善整改,加强日常管理,加强监控监测,对检查出的问题进行全面专项整治,做好相应的应急准备工作,确保安全措施、人员、物资、培训、预案落实“五到位”。统筹协调好复工、防疫、质量和安全方面的关系,切忌盲目复工。

8 对策措施及建议

(1)加强地下室底板、挡土墙、顶板的防水工程质量控制;加强地下室后浇带、施工缝的留置和处理的技术措施;加强混凝土浇筑、振捣的工序质量控制,确保混凝土无空洞、松散、蜂窝、麻面等质量缺陷。

(2)编制群塔作业专项方案,加强群塔作业塔司、指挥等安全教育和培训,加强施工班组塔吊使用安全管理。

(3)加强土建劳务以及安装、装饰等专业分包的组织管理和合同管理、进度管理以及质量安全管理,做好施工过程中的组织协调工作,落实管理目标的分解和控制。

(4)项目经理必须具备任职资格,具备较强的专业技术水平、经营管理知识、预结算知识和实际经验，熟练掌控施工、技术、预结算管理的各个环节，能及时解决施工现场的各类问题，具有较强协调能力。按照国家相关的规定来配备项目管理人员，项目部关键岗位和一般岗位管理人员数量应当满足或高于标准所规定的管理人员数量。

（5）项目经理要按照所在市有关要求，做好复工工作，认真制订完善复工方案，全面排查安全隐患，切实落实企业安全生产主体责任。明确项目负责人、安全负责人、部门负责人、作业长、班组长、员工的安全责任，做到以岗定责、按责履职。组织开展岗位安全责任承诺，树立"责任不落实是最大的隐患"的理念，自觉融入日常生产工作中，认真遵守各项安全管理规章制度。

（6）安全培训方面，要对新入职、转岗换岗以及特种作业人员进行系统性教育培训，确保"不培训不上岗，培训不合格不上岗"。安全宣传方面，要加大复工安全生产信息宣传力度，广泛宣传安全生产法律法规和基本知识，让项目部每一位成员明确并切实履行安全生产防控责任，把安全生产工作真正落实到每一个岗位、班组和每一个环节，做到安全管理到位、防疫措施落实、后勤保障到位、思想稳定到位。

（7）班组是项目部安全管理的基本单元，是安全管理的"前沿阵地"，抓好班组安全建设至关重要。项目部要组织、指导和督促生产班组开展一次安全专题班前会。结合岗位实际，向班组成员宣贯个人防护措施，把生产任务、隐患排查、危险因素辨识及应对措施等要点交代清楚。

（8）项目部要制订并落实复工工作方案、应急处置方案和安全检查清单，将隐患排查治理作为复工前的核心工作，对机械设备、电气线路、高危工艺、安全防护设施、应急救援设施以及存在重大安全风险的场所、环节、部位等进行全面系统检查，确保复工安全。

（9）项目部各管理人员应深入到现场检查设备设施安全运行情况，切实加强员工劳动防护用品的正确佩戴和使用情况检查、监督，并与员工加强沟通、交流情感，及时了解员工的思想状况，督促员工注意加强安全防护。

（10）针对突发事件，要加强与地方政府沟通，建立相关应急预案，并及时组织演练。

案例4
上海保华国际广场项目

1　编制说明

本风险评估报告依托上海保华国际广场项目，于项目复工前由评估小组分别采用指标体系法和专家调查法进行风险评估。

评估小组人员名单和职称，并应亲笔签字，见表2-4-1。

评估小组人员　　表2-4-1

序号	姓名	职称	专业	岗位	签字
1	王××	高级工程师	建筑工程	项目负责人	
2	张××	高级工程师	工民建	项目技术负责人	
3	许××	高级工程师	建筑工程	项目部安全负责人	
4	孙××	高级工程师	建筑工程	技术主管	
5	杨××	高级工程师	建筑工程	安全部负责人	

2　编制依据

(1)《建设项目环境风险评价技术导则》(HJ/T 169—2004)；
(2)《突发事件应急预案管理办法》(国办发〔2013〕101号)；
(3)《危险性较大的分部分项工程安全管理规定》(住房和城乡建设部令第37号)；
(4)《建筑施工模板安全技术规范》(JGJ 162—2008)；
(5)《建筑施工扣件式钢管脚手架安全技术规范》(JGJ 130—2011)；
(6)《建筑施工承插型套扣式钢管脚手架》(DBJ 15－98—2014)；
(7)《特种设备安全监察条例》(国务院令第549号)；
(8)《特种设备目录》(质检总局〔2014〕114号)；
(9)《上海保华国际广场施工组织设计》；
(10)《上海保华国际广场建设项目春节停工及节后复工专项方案》；
(11)《上海保华国际广场项目建设工程施工合同》；
(12)《关于切实做好春节后上海市建设工地复工安全生产工作的通知》。

3　项目简介

3.1　工程概况

上海保华国际广场工程位于上海市闵行区，四周分别为秀波路、园文路、园秀路、秀文路。场地东侧为金源中心，西侧为西子国际中心，北侧为春申湖，南侧为文化服务产业中心(图2-4-1)。上海保华国际广场工程建筑面积合计185074.94m^2，地下两层(包括人防工程)。项目分为两个地块，地块一由1号、2号、3号、5号、6号、7号、8号楼组成。地块二为9号、10号、11号楼。

图 2-4-1　上海保华项目总平面图

本工程 1 号、5 号、8 号楼为混合结构,钢筋混凝土框架 + 钢框架。2 号、3 号、6 号、7 号、9 号、10 号、11 号楼为混合结构,装配式混凝土框架 + 钢筋混凝土框架。主要预制的构件类型有预制框架柱、预制框架梁、预制次梁、预制叠合板。

3.2　复工前形象进度

1 号楼:1 ~5 层压型钢板上混凝土浇筑完毕;6 ~8 层压型钢板铺设完毕,钢筋绑扎完成,未浇筑混凝土;核心筒 12 层墙柱钢筋绑扎完毕。

2 号楼:1 层二次结构砌筑完成 70% ;2 层二次结构砌筑工程已完成,构造柱尚未浇筑;3 层二次结构砌筑工程已完成 20% ;屋面楼梯间、电梯机房模板未支设完成。

3 号楼:一层二次结构完成 70% ;2 层二次结构构造柱绑扎完成;5 层顶板叠合板铺设完毕,梁钢筋绑扎完成 40% 。

5 号楼:7 ~8 层压型钢板铺设完毕,钢筋已绑扎;9 层压型钢板铺设完毕,钢筋未绑扎;13 层顶板支模。

6 号楼: 1 层 PC 板安装完成,板钢筋绑扎完成。

7 号楼:机房顶板钢筋绑扎完成,未浇筑。

8 号楼:6 层压型钢板已铺设,钢筋已绑扎;7 层压型钢板已铺设 40% ;12 层梁板钢筋绑扎完成,未浇筑。

9 号楼:精装修完成 95% ,园林绿化完成 55% 。

10 号楼:窗户安装完成 65% 。

11 号楼:窗户安装完成 65% 。

3.3　安全重点及难点

(1)施工过程中难点

本项目占地面积大,施工人员多,在施工当中涉及危险性较大的分部分项工程有模板工程、附着式升降脚手架工程、吊篮式脚手架工程、群塔施工、PC 吊装、施工电梯的安装与拆除等。安全管理的难点在于施工现场场地面积大,楼栋多,机械多,材料堆放、机具布置、安全防护、消防管控均不利于现场安全管理,且进入装饰装修阶段交叉作业。其中,装配式结构安装、钢结构安装难度大,危险性高,对安全要求也相对较高。

(2)疫情期间复工难点

返岗人员出发地多为安徽省、四川省等,工人选择返岗交通工具为自驾、高铁、火车或大巴,旅途中接触人员较多、较杂乱。返岗工人疫情防控意识不够,口罩佩戴不正确,不及时洗手、消毒。现场存在交叉作业,作业人员较多。劳务配备防疫物资不足,一次性口罩存在多次使用现象。

3.4 工程采取的主要方案

(1)《上海保华 PC 吊装施工方案》;

(2)《上海保华临时用电施工方案》;

(3)《上海保华塔吊安拆方案》;

(4)《上海保华人货电梯安拆施工方案》;

(5)《上海保华吊篮施工方案》;

(6)《上海保华附着式升降脚手架施工方案》;

(7)《上海保华模板支撑方案》;

(8)《上海保华悬挑式卸料平台施工方案》;

(9)《上海保华盘扣式支撑架专项方案》;

(10)《上海保华钢结构施工方案》;

(11)《上海保华群塔作业施工方案》;

(12)《上海保华钢筋工程施工方案》;

(13)《上海保华混凝土工程施工方案》;

(14)《上海保华新型冠状病毒的应急救援预案》;

(15)《上海保华新型冠状病毒的防治措施》;

(16)《上海保华施工生产安全事故应急救援预案》。

4 指标体系法评估

4.1 评估方法简介

对上海宝华项目复工安全风险,采用指标体系法。将整个项目风险评估的指标划分为7个分项,即工程规模、工程复杂性、人员管理、机电设备、安全设施与材料、日常管控、施工环境,根据各分项的具体情况建立若干评估指标,从而建立评估体系,参见《指南》表1-0-7。在对具体指标进行评估时,表1-0-7所列31个指标不一定全部参与评估,需选出比较重要的指标进行排序,一般控制在13个以内。

4.2 指标体系法评估路线

指标体系法安全风险评估的工作流程如图2-4-2所示。

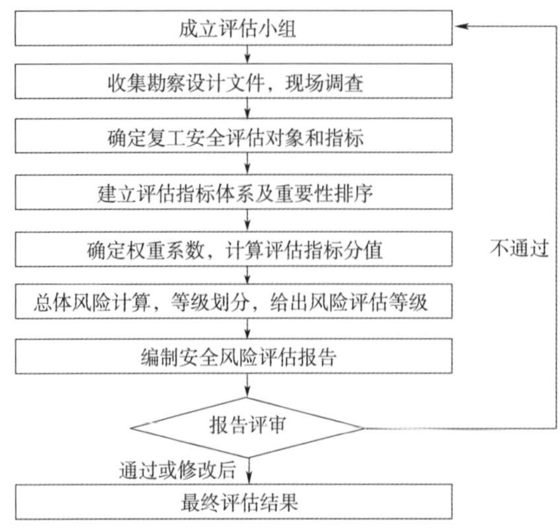

图 2-4-2　安全风险评估指标体系法流程图

4.3　指标体系法评估内容

经评估小组研究,根据项目的施工特点,在风险评估指标库中选取 11 项重要指标进行综合分析考评打分,选取的 11 项指标分别为:①建筑面积;②建筑高度;③危大工程方面;④施工技术复杂程度;⑤项目部人员配置及管理水平;⑥特种设备种类复杂度;⑦外防护脚手架系统;⑧各类临边围护结构及防护设施;⑨项目开展安全检查情况;⑩项目安全教育体系建立及执行情况;⑪气候条件。

结合项目实际情况,对这 11 项指标重要性进行排序,通过指标体系法确定其各自的权重系数 $\gamma = \frac{2n - 2m + 1}{n^2}$,经过计算,排序后各指标权重系数见表 2-4-2。

各评估指标重要性排序　　表 2-4-2

序　　号	指 标 名 称	权 重 系 数
1	施工技术复杂程度	0.17
2	危大工程方面	0.16
3	各类临边围护结构及防护设施	0.14
4	外防护脚手架系统	0.12
5	项目部人员配置及管理水平	0.11
6	特种设备种类复杂度	0.09
7	项目开展安全检查情况	0.07
8	项目安全教育体系建立及执行情况	0.06
9	气候条件	0.04
10	建筑面积	0.03
11	建筑高度	0.01
合计		1

4.4 评估过程

评估小组共有 5 名人员组成，采用指标体系法对项目复工安全风险分别进行了评估，其评估结果见表 2-4-3 ~ 表 2-4-7。

王 × ×评估结果　　表 2-4-3

评估对象	评估指标	分级	基本分值(R_{ij})		权重系数(γ_{ij})	评估分值(X_{ij})	说明
			分值范围	取值			
工程规模 X_1	建筑面积 X_{11}	2 万 m^2 以上	75 ~ 100 分	88	0.03	2.64	工程建筑面积大，点多面广，风险存在的可能性就大
		1 万 m^2 ~ 2 万 m^2	50 ~ 75 分				
		0.5 万 m^2 ~ 1 万 m^2	25 ~ 50 分				
		0.5 万 m^2 以下	0 ~ 25 分				
	建筑高度 X_{13}	超高层	75 ~ 100 分	60	0.01	0.60	建筑高度越高，风险越大，相关防护要求也越高
		高层	50 ~ 75 分				
		多层	25 ~ 50 分				
		别墅区	0 ~ 25 分				
工程复杂性 X_2	危大工程方面 X_{21}	含 5 个以上超一定规模危大工程	75 ~ 100 分	76	0.16	12.16	分别考虑危大工程以及超过一定规模的危大工程
		1 ~ 5 个超一定规模危大工程	50 ~ 75 分				
		有危大工程但未超一定规模	25 ~ 50 分				
		无危大工程但施工较复杂	0 ~ 25 分				
	施工技术复杂程度 X_{22}	施工技术非常复杂	75 ~ 100 分	77	0.17	13.09	综合考虑施工技术复杂程度
		施工技术较复杂	50 ~ 75 分				
		施工技术复杂程度一般	25 ~ 50 分				
		施工技术不复杂	0 ~ 25 分				
人员管理 X_3	项目部人员配置及管理水平 X_{31}	项目部管理人员配备差；人员整体水平低、无管理业绩	75 ~ 100 分	27	0.11	2.97	主要考虑项目部管理水平，尤其是项目经理信用指标能力，项目部管理人员配置、整体素质及管理业绩
		项目部管理人员配备不全；人员整体水平较低、管理业绩一般	50 ~ 75 分				
		项目部管理人员配备较齐全；人员整体水平较高、管理业绩较明显	25 ~ 50 分				
		项目部管理人员配备齐全；人员整体水平高、管理业绩明显	0 ~ 25 分				

续上表

评估对象	评估指标	分级	基本分值(R_{ij})		权重系数(γ_{ij})	评估分值(X_{ij})	说明
			分值范围	取值			
机电设备X_4	特种设备种类复杂度X_{43}	6类以上特种设备	75~100分	50	0.09	4.50	考虑行业内特种设备事故频发、严重性;不同设备共用,其潜在的多种事故风险性
		4~6类特种设备	50~75分				
		2~4类特种设备	25~50分				
		2类以下特种设备	0~25分				
安全设施与材料X_5	外防护脚手架系统X_{52}	开始变形	75~100分	29	0.12	3.48	根据施工方案中确定的动静荷载变化,以及受力构件、附着等的变化情况判定
		超过预警值接近变形	50~75分				
		接近预警临界值	25~50分				
		在监测允许范围内	0~25分				
	各类临边围护结构及防护设施X_{54}	接近破坏,不能正常使用	75~100分	29	0.14	4.06	检查各类维护设施,包括高处作业防护、基坑临边防护,“四口五临边”防护设施措施等是否齐全、有效
		不能正常使用,需要加固	50~75分				
		功能正常,需稍微维护	25~50分				
		功能良好,基本能正常使用	0~25分				
日常管控X_6	项目开展安全检查情况X_{65}	未制订项目安全检查制度,不能按要求开展安全检查且无记录	75~100分	26	0.07	1.82	项目安全生产检查制度建立以及执行情况
		安全检查制度内容不完善,基本能开展检查,但记录不规范	50~75分				
		安全检查制度基本符合规定,能做到自查自检,但活动记录不规范	25~50分				
		安全检查制度符合规定,项目部能做到周检,记录比较规范	0~25分				
	项目安全教育体系建立及执行情况X_{64}	未建立项目安全教育制度,项目人员受教育人数不足30%	75~100分	50	0.06	3.00	项目安全生产教育培训制度建立以及执行情况
		安全教育制度内容不合理,安全教育开展情况较差,人员受教育人数不足50%	50~75分				
		有安全教育制度,组织开展安全教育,但人员受教育人数不足70%	25~50分				
		安全教育制度齐全,按规定组织开展安全教育,人员受教育人数近100%	0~25分				

续上表

评估对象	评估指标	分级	基本分值(R_{ij})		权重系数(γ_{ij})	评估分值(X_{ij})	说明
			分值范围	取值			
施工环境 X_7	气候条件 X_{72}	极端气候事件(如强风、强暴雨雪等)频发区域	75~100分	48	0.04	1.92	主要考虑风荷载、雪荷载对支撑结构、支撑基础以及外防护架等的影响
		极端气候事件多发区域	50~75分				
		极端气候事件偶发区域	25~50分				
		气候条件较好,基本不影响施工安全	0~25分				
评估得分						50.24	

张××评估结果 表2-4-4

评估对象	评估指标	分级	基本分值(R_{ij})		权重系数(γ_{ij})	评估分值(X_{ij})	说明
			分值范围	取值			
工程规模 X_1	建筑面积 X_{11}	2万m^2以上	75~100分	83	0.03	2.49	工程建筑面积大,点多面广,风险存在的可能性就大
		1万m^2~2万m^2	50~75分				
		0.5万m^2~1万m^2	25~50分				
		0.5万m^2以下	0~25分				
	建筑高度 X_{13}	超高层	75~100分	71	0.01	0.71	建筑高度越高,风险越大,相关防护要求也越高
		高层	50~75分				
		多层	25~50分				
		别墅区	0~25分				
工程复杂性 X_2	危大工程方面 X_{21}	含5个以上超一定规模危大工程	75~100分	81	0.16	12.96	分别考虑危大工程以及超过一定规模的危大工程
		1~5个超一定规模危大工程	50~75分				
		有危大工程但未超一定规模	25~50分				
		无危大工程但施工较复杂	0~25分				
	施工技术复杂程度 X_{22}	施工技术非常复杂	75~100分	90	0.17	15.30	综合考虑施工技术复杂程度
		施工技术较复杂	50~75分				
		施工技术复杂程度一般	25~50分				
		施工技术不复杂	0~25分				
人员管理 X_3	项目部人员配置及管理水平 X_{31}	项目部管理人员配备差;人员整体水平低、无管理业绩	75~100分	30	0.11	3.30	主要考虑项目部管理水平,尤其是项目经理信用指标能力,项目部管理人员配置、整体素质及管理业绩
		项目部管理人员配备不全;人员整体水平较低、管理业绩一般	50~75分				

续上表

评估对象	评估指标	分级	基本分值(R_{ij})		权重系数(γ_{ij})	评估分值(X_{ij})	说明
			分值范围	取值			
人员管理 X_3	项目部人员配置及管理水平 X_{31}	项目部管理人员配备较齐全;人员整体水平较高、管理业绩较明显	25~50分				
		项目部管理人员配备齐全;人员整体水平高、管理业绩明显	0~25分				
机电设备 X_4	特种设备种类复杂度 X_{43}	6类以上特种设备	75~100分	55	0.09	4.95	考虑行业内特种设备事故频发、严重性;不同设备共用,其潜在的多种事故风险性
		4~6类特种设备	50~75分				
		2~4类特种设备	25~50分				
		2类以下特种设备	0~25分				
安全设施与材料 X_5	外防护脚手架系统 X_{52}	开始变形	75~100分	32	0.12	3.84	根据施工方案中确定的动静荷载变化,以及受力构件、附着等的变化情况判定
		超过预警值接近变形	50~75分				
		接近预警临界值	25~50分				
		在监测允许范围内	0~25分				
	各类临边围护结构及防护设施 X_{54}	接近破坏,不能正常使用	75~100分	30	0.14	4.20	检查各类维护设施,包括高处作业防护、基坑临边防护,"四口五临边"防护设施措施等是否齐全、有效
		不能正常使用,需要加固	50~75分				
		功能正常,需稍微维护	25~50分				
		功能良好,基本能正常使用	0~25分				
日常管控 X_6	项目开展安全检查情况 X_{65}	未制订项目安全检查制度,不能按要求开展安全检查且无记录	75~100分	9	0.07	2.73	项目安全生产检查制度建立以及执行情况
		安全检查制度内容不完善,基本能开展检查,但记录不规范	50~75分				
		安全检查制度基本符合规定,能做到自查自检,但活动记录不规范	25~50分				
		安全检查制度符合规定,项目部能做到周检,记录比较规范	0~25分				

续上表

评估对象	评估指标	分　　级	基本分值(R_{ij})		权重系数(γ_{ij})	评估分值(X_{ij})	说　　明
			分值范围	取值			
日常管控 X_6	项目安全教育体系建立及执行情况 X_{64}	未建立项目安全教育制度,项目人员受教育人数不足30%	75～100分	45	0.06	2.70	项目安全生产教育培训制度建立以及执行情况
		安全教育制度内容不合理,安全教育开展情况较差,人员受教育人数不足50%	50～75分				
		有安全教育制度,组织开展安全教育,但人员受教育人数不足70%	25～50分				
		安全教育制度齐全,按规定组织开展安全教育,人员受教育人数近100%	0～25分				
施工环境 X_7	气候条件 X_{72}	极端气候事件(如强风、强暴雨雪等)频发区域	75～100分	53	0.04	2.12	主要考虑风荷载、雪荷载对支撑结构、支撑基础以及外防护架等的影响
		极端气候事件多发区域	50～75分				
		极端气候事件偶发区域	25～50分				
		气候条件较好,基本不影响施工安全	0～25分				
评估得分						55.30	

许××评估结果　　　表2-4-5

评估对象	评估指标	分　　级	基本分值(R_{ij})		权重系数(γ_{ij})	评估分值(X_{ij})	说　　明
			分值范围	取值			
工程规模 X_1	建筑面积 X_{11}	2万m^2以上	75～100分	92	0.03	2.76	工程建筑面积大,点多面广,风险存在的可能性就大
		1万m^2～2万m^2	50～75分				
		0.5万m^2～1万m^2	25～50分				
		0.5万m^2以下	0～25分				
	建筑高度 X_{13}	超高层	75～100分	74	0.01	0.74	建筑高度越高,风险越大,相关防护要求也越高
		高层	50～75分				
		多层	25～50分				
		别墅区	0～25分				

续上表

<table>
<tr><th rowspan="2">评估对象</th><th rowspan="2">评估指标</th><th rowspan="2">分　级</th><th colspan="2">基本分值(R_{ij})</th><th rowspan="2">权重系数(γ_{ij})</th><th rowspan="2">评估分值(X_{ij})</th><th rowspan="2">说　明</th></tr>
<tr><th>分值范围</th><th>取值</th></tr>
<tr><td rowspan="8">工程复杂性X_2</td><td rowspan="4">危大工程方面X_{21}</td><td>含5个以上超一定规模危大工程</td><td>75~100分</td><td rowspan="4">79</td><td rowspan="4">0.16</td><td rowspan="4">12.64</td><td rowspan="4">分别考虑危大工程以及超过一定规模的危大工程</td></tr>
<tr><td>1~5个超一定规模危大工程</td><td>50~75分</td></tr>
<tr><td>有危大工程但未超一定规模</td><td>25~50分</td></tr>
<tr><td>无危大工程但施工较复杂</td><td>0~25分</td></tr>
<tr><td rowspan="4">施工技术复杂程度X_{22}</td><td>施工技术非常复杂</td><td>75~100分</td><td rowspan="4">86</td><td rowspan="4">0.17</td><td rowspan="4">14.62</td><td rowspan="4">综合考虑施工技术复杂程度</td></tr>
<tr><td>施工技术较复杂</td><td>50~75分</td></tr>
<tr><td>施工技术复杂程度一般</td><td>25~50分</td></tr>
<tr><td>施工技术不复杂</td><td>0~25分</td></tr>
<tr><td rowspan="4">人员管理X_3</td><td rowspan="4">项目部人员配置及管理水平X_{31}</td><td>项目部管理人员配备差;人员整体水平低、无管理业绩</td><td>75~100分</td><td rowspan="4">36</td><td rowspan="4">0.11</td><td rowspan="4">3.96</td><td rowspan="4">主要考虑项目部管理水平,尤其是项目经理信用指标能力,项目部管理人员配置、整体素质及管理业绩</td></tr>
<tr><td>项目部管理人员配备不全;人员整体水平较低、管理业绩一般</td><td>50~75分</td></tr>
<tr><td>项目部管理人员配备较齐全;人员整体水平较高、管理业绩较明显</td><td>25~50分</td></tr>
<tr><td>项目部管理人员配备齐全;人员整体水平高、管理业绩明显</td><td>0~25分</td></tr>
<tr><td rowspan="4">机电设备X_4</td><td rowspan="4">特种设备种类复杂度X_{43}</td><td>6类以上特种设备</td><td>75~100分</td><td rowspan="4">58</td><td rowspan="4">0.09</td><td rowspan="4">5.22</td><td rowspan="4">考虑行业内特种设备事故频发、严重性;不同设备共用,其潜在的多种事故风险性</td></tr>
<tr><td>4~6类特种设备</td><td>50~75分</td></tr>
<tr><td>2~4类特种设备</td><td>25~50分</td></tr>
<tr><td>2类以下特种设备</td><td>0~25分</td></tr>
<tr><td rowspan="8">安全设施与材料X_5</td><td rowspan="4">外防护脚手架系统X_{52}</td><td>开始变形</td><td>75~100分</td><td rowspan="4">25</td><td rowspan="4">0.12</td><td rowspan="4">3.00</td><td rowspan="4">根据施工方案中确定的动静荷载变化,以及受力构件、附着等的变化情况判定</td></tr>
<tr><td>超过预警值接近变形</td><td>50~75分</td></tr>
<tr><td>接近预警临界值</td><td>25~50分</td></tr>
<tr><td>在监测允许范围内</td><td>0~25分</td></tr>
<tr><td rowspan="4">各类临边围护结构及防护设施X_{54}</td><td>接近破坏,不能正常使用</td><td>75~100分</td><td rowspan="4">32</td><td rowspan="4">0.14</td><td rowspan="4">4.48</td><td rowspan="4">检查各类维护设施,包括高处作业防护、基坑临边防护,“四口五临边”防护设施措施等是否齐全、有效</td></tr>
<tr><td>不能正常使用,需要加固</td><td>50~75分</td></tr>
<tr><td>功能正常,需稍微维护</td><td>25~50分</td></tr>
<tr><td>功能良好,基本能正常使用</td><td>0~25分</td></tr>
</table>

续上表

评估对象	评估指标	分级	基本分值(R_{ij})		权重系数(γ_{ij})	评估分值(X_{ij})	说明
			分值范围	取值			
日常管控 X_6	项目开展安全检查情况 X_{65}	未制订项目安全检查制度,不能按要求开展安全检查且无记录	75~100分	25	0.07	1.75	项目安全生产检查制度建立以及执行情况
		安全检查制度内容不完善,基本能开展检查,但记录不规范	50~75分				
		安全检查制度基本符合规定,能做到自查自检,但活动记录不规范	25~50分				
		安全检查制度符合规定,项目部能做到周检,记录比较规范	0~25分				
	项目安全教育体系建立及执行情况 X_{64}	未建立项目安全教育制度,项目人员受教育人数不足30%	75~100分	27	0.06	1.62	项目安全生产教育培训制度建立以及执行情况
		安全教育制度内容不合理,安全教育开展情况较差,人员受教育人数不足50%	50~75分				
		有安全教育制度,组织开展安全教育,但人员受教育人数不足70%	25~50分				
		安全教育制度齐全,按规定组织开展安全教育,人员受教育人数近100%	0~25分				
施工环境 X_7	气候条件 X_{72}	极端气候事件(如强风、强暴雨雪等)频发区域	75~100分	48	0.04	1.92	主要考虑风荷载、雪荷载对支撑结构、支撑基础以及外防护架等的影响
		极端气候事件多发区域	50~75分				
		极端气候事件偶发区域	25~50分				
		气候条件较好,基本不影响施工安全	0~25分				
评估得分						52.71	

孙××评估结果　　表 2-4-6

<table>
<tr><th rowspan="2">评估对象</th><th rowspan="2">评估指标</th><th rowspan="2">分　级</th><th colspan="2">基本分值(R_{ij})</th><th rowspan="2">权重系数(γ_{ij})</th><th rowspan="2">评估分值(X_{ij})</th><th rowspan="2">说　明</th></tr>
<tr><th>分值范围</th><th>取值</th></tr>
<tr><td rowspan="8">工程规模 X_1</td><td rowspan="4">建筑面积 X_{11}</td><td>2 万 m^2 以上</td><td>75～100 分</td><td rowspan="4">93</td><td rowspan="4">0.03</td><td rowspan="4">2.79</td><td rowspan="4">工程建筑面积大，点多面广，风险存在的可能性就大</td></tr>
<tr><td>1 万 m^2～2 万 m^2</td><td>50～75 分</td></tr>
<tr><td>0.5 万 m^2～1 万 m^2</td><td>25～50 分</td></tr>
<tr><td>0.5 万 m^2 以下</td><td>0～25 分</td></tr>
<tr><td rowspan="4">建筑高度 X_{13}</td><td>超高层</td><td>75～100 分</td><td rowspan="4">58</td><td rowspan="4">0.01</td><td rowspan="4">0.58</td><td rowspan="4">建筑高度越高，风险越大，相关防护要求也越高</td></tr>
<tr><td>高层</td><td>50～75 分</td></tr>
<tr><td>多层</td><td>25～50 分</td></tr>
<tr><td>别墅区</td><td>0～25 分</td></tr>
<tr><td rowspan="8">工程复杂性 X_2</td><td rowspan="4">危大工程方面 X_{21}</td><td>含 5 个以上超一定规模危大工程</td><td>75～100 分</td><td rowspan="4">81</td><td rowspan="4">0.16</td><td rowspan="4">12.96</td><td rowspan="4">分别考虑危大工程以及超过一定规模的危大工程</td></tr>
<tr><td>1～5 个超一定规模危大工程</td><td>50～75 分</td></tr>
<tr><td>有危大工程但未超一定规模</td><td>25～50 分</td></tr>
<tr><td>无危大工程但施工较复杂</td><td>0～25 分</td></tr>
<tr><td rowspan="4">施工技术复杂程度 X_{22}</td><td>施工技术非常复杂</td><td>75～100 分</td><td rowspan="4">62</td><td rowspan="4">0.17</td><td rowspan="4">10.54</td><td rowspan="4">综合考虑施工技术复杂程度</td></tr>
<tr><td>施工技术较复杂</td><td>50～75 分</td></tr>
<tr><td>施工技术复杂程度一般</td><td>25～50 分</td></tr>
<tr><td>施工技术不复杂</td><td>0～25 分</td></tr>
<tr><td rowspan="4">人员管理 X_3</td><td rowspan="4">项目部人员配置及管理水平 X_{31}</td><td>项目部管理人员配备差；人员整体水平低、无管理业绩</td><td>75～100 分</td><td rowspan="4">30</td><td rowspan="4">0.11</td><td rowspan="4">3.30</td><td rowspan="4">主要考虑项目部管理水平，尤其是项目经理信用指标能力，项目部管理人员配置、整体素质及管理业绩</td></tr>
<tr><td>项目部管理人员配备不全；人员整体水平较低、管理业绩一般</td><td>50～75 分</td></tr>
<tr><td>项目部管理人员配备较齐全；人员整体水平较高、管理业绩较明显</td><td>25～50 分</td></tr>
<tr><td>项目部管理人员配备齐全；人员整体水平高、管理业绩明显</td><td>0～25 分</td></tr>
<tr><td rowspan="4">机电设备 X_4</td><td rowspan="4">特种设备种类复杂度 X_{43}</td><td>6 类以上特种设备</td><td>75～100 分</td><td rowspan="4">42</td><td rowspan="4">0.09</td><td rowspan="4">3.78</td><td rowspan="4">考虑行业内特种设备事故频发、严重性；不同设备共用，其潜在的多种事故风险性</td></tr>
<tr><td>4～6 类特种设备</td><td>50～75 分</td></tr>
<tr><td>2～4 类特种设备</td><td>25～50 分</td></tr>
<tr><td>2 类以下特种设备</td><td>0～25 分</td></tr>
</table>

续上表

评估对象	评估指标	分级	基本分值(R_{ij}) 分值范围	取值	权重系数(γ_{ij})	评估分值(X_{ij})	说明
安全设施与材料 X_5	外防护脚手架系统 X_{52}	开始变形	75~100分	20	0.12	2.40	根据施工方案中确定的动静荷载变化，以及受力构件、附着等的变化情况判定
		超过预警值接近变形	50~75分				
		接近预警临界值	25~50分				
		在监测允许范围内	0~25分				
	各类临边围护结构及防护设施 X_{54}	接近破坏，不能正常使用	75~100分	26	0.14	3.64	检查各类维护设施，包括高处作业防护、基坑临边防护，“四口五临边”防护设施措施等是否齐全、有效
		不能正常使用，需要加固	50~75分				
		功能正常，需稍微维护	25~50分				
		功能良好，基本能正常使用	0~25分				
日常管控 X_6	项目开展安全检查情况 X_{65}	未制订项目安全检查制度，不能按要求开展安全检查且无记录	75~100分	40	0.07	2.80	项目安全生产检查制度建立以及执行情况
		安全检查制度内容不完善，基本能开展检查，但记录不规范	50~75分				
		安全检查制度基本符合规定，能做到自查自检，但活动记录不规范	25~50分				
		安全检查制度符合规定，项目部能做到周检，记录比较规范	0~25分				
	项目安全教育体系建立及执行情况 X_{64}	未建立项目安全教育制度，项目人员受教育人数不足30%	75~100分	26	0.06	1.56	项目安全生产教育培训制度建立以及执行情况
		安全教育制度内容不合理，安全教育开展情况较差，人员受教育人数不足50%	50~75分				
		有安全教育制度，组织开展安全教育，但人员受教育人数不足70%	25~50分				
		安全教育制度齐全，按规定组织开展安全教育，人员受教育人数近100%	0~25分				

续上表

<table>
<tr><th rowspan="2">评估对象</th><th rowspan="2">评估指标</th><th rowspan="2">分　级</th><th colspan="2">基本分值(R_{ij})</th><th rowspan="2">权重系数(γ_{ij})</th><th rowspan="2">评估分值(X_{ij})</th><th rowspan="2">说　明</th></tr>
<tr><th>分值范围</th><th>取值</th></tr>
<tr><td rowspan="4">施工环境 X_7</td><td rowspan="4">气候条件 X_{72}</td><td>极端气候事件(如强风、强暴雨雪等)频发区域</td><td>75～100 分</td><td rowspan="4">30</td><td rowspan="4">0.04</td><td rowspan="4">1.20</td><td rowspan="4">主要考虑风荷载、雪荷载对支撑结构、支撑基础以及外防护架等的影响</td></tr>
<tr><td>极端气候事件多发区域</td><td>50～75 分</td></tr>
<tr><td>极端气候事件偶发区域</td><td>25～50 分</td></tr>
<tr><td>气候条件较好,基本不影响施工安全</td><td>0～25 分</td></tr>
<tr><td colspan="6">评估得分</td><td colspan="2">45.55</td></tr>
</table>

杨××评估结果　　表 2-4-7

<table>
<tr><th rowspan="2">评估对象</th><th rowspan="2">评估指标</th><th rowspan="2">分　级</th><th colspan="2">基本分值(R_{ij})</th><th rowspan="2">权重系数(γ_{ij})</th><th rowspan="2">评估分值(X_{ij})</th><th rowspan="2">说　明</th></tr>
<tr><th>分值范围</th><th>取值</th></tr>
<tr><td rowspan="8">工程规模 X_1</td><td rowspan="4">建筑面积 X_{11}</td><td>2 万 m^2 以上</td><td>75～100 分</td><td rowspan="4">90</td><td rowspan="4">0.03</td><td rowspan="4">2.7</td><td rowspan="4">工程建筑面积大,点多面广,风险存在的可能性就大</td></tr>
<tr><td>1 万 m^2～2 万 m^2</td><td>50～75 分</td></tr>
<tr><td>0.5 万 m^2～1 万 m^2</td><td>25～50 分</td></tr>
<tr><td>0.5 万 m^2 以下</td><td>0～25 分</td></tr>
<tr><td rowspan="4">建筑高度 X_{13}</td><td>超高层</td><td>75～100 分</td><td rowspan="4">66</td><td rowspan="4">0.01</td><td rowspan="4">0.66</td><td rowspan="4">建筑高度越高,风险越大,相关防护要求也越高</td></tr>
<tr><td>高层</td><td>50～75 分</td></tr>
<tr><td>多层</td><td>25～50 分</td></tr>
<tr><td>别墅区</td><td>0～25 分</td></tr>
<tr><td rowspan="8">工程复杂性 X_2</td><td rowspan="4">危大工程方面 X_{21}</td><td>含 5 个以上超一定规模危大工程</td><td>75～100 分</td><td rowspan="4">75</td><td rowspan="4">0.16</td><td rowspan="4">12.00</td><td rowspan="4">分别考虑危大工程以及超过一定规模的危大工程</td></tr>
<tr><td>1～5 个超一定规模危大工程</td><td>50～75 分</td></tr>
<tr><td>有危大工程但未超一定规模</td><td>25～50 分</td></tr>
<tr><td>无危大工程但施工较复杂</td><td>0～25 分</td></tr>
<tr><td rowspan="4">施工技术复杂程度 X_{22}</td><td>施工技术非常复杂</td><td>75～100 分</td><td rowspan="4">33</td><td rowspan="4">0.17</td><td rowspan="4">5.61</td><td rowspan="4">综合考虑施工技术复杂程度</td></tr>
<tr><td>施工技术较复杂</td><td>50～75 分</td></tr>
<tr><td>施工技术复杂程度一般</td><td>25～50 分</td></tr>
<tr><td>施工技术不复杂</td><td>0～25 分</td></tr>
</table>

续上表

评估对象	评估指标	分级	基本分值(R_{ij})		权重系数(γ_{ij})	评估分值(X_{ij})	说明
			分值范围	取值			
人员管理 X_3	项目部人员配置及管理水平 X_{31}	项目部管理人员配备差;人员整体水平低、无管理业绩	75~100分	45	0.11	4.95	主要考虑项目部管理水平,尤其是项目经理信用指标能力,项目部管理人员配置、整体素质及管理业绩
		项目部管理人员配备不全;人员整体水平较低、管理业绩一般	50~75分				
		项目部管理人员配备较齐全;人员整体水平较高、管理业绩较明显	25~50分				
		项目部管理人员配备齐全;人员整体水平高、管理业绩明显	0~25分				
机电设备 X_4	特种设备种类复杂度 X_{43}	6类以上特种设备	75~100分	37	0.09	3.33	考虑行业内特种设备事故频发、严重性;不同设备共用,其潜在的多种事故风险性
		4~6类特种设备	50~75分				
		2~4类特种设备	25~50分				
		2类以下特种设备	0~25分				
安全设施与材料 X_5	外防护脚手架系统 X_{52}	开始变形	75~100分	20	0.12	2.40	根据施工方案中确定的动静荷载变化,以及受力构件、附着等的变化情况判定
		超过预警值接近变形	50~75分				
		接近预警临界值	25~50分				
		在监测允许范围内	0~25分				
	各类临边围护结构及防护设施 X_{54}	接近破坏,不能正常使用	75~100分	40	0.14	5.60	检查各类维护设施,包括高处作业防护、基坑临边防护,“四口五临边”防护设施措施等是否齐全、有效
		不能正常使用,需要加固	50~75分				
		功能正常,需稍微维护	25~50分				
		功能良好,基本能正常使用	0~25分				
日常管控 X_6	项目开展安全检查情况 X_{65}	未制订项目安全检查制度,不能按要求开展安全检查且无记录	75~100分	45	0.07	3.15	项目安全生产检查制度建立以及执行情况
		安全检查制度内容不完善,基本能开展检查,但记录不规范	50~75分				
		安全检查制度基本符合规定,能做到自查自检,但活动记录不规范	25~50分				
		安全检查制度符合规定,项目部能做到周检,记录比较规范	0~25分				

续上表

评估对象	评估指标	分级	基本分值(R_{ij})		权重系数(γ_{ij})	评估分值(X_{ij})	说明
			分值范围	取值			
日常管控 X_6	项目安全教育体系建立及执行情况 X_{64}	未建立项目安全教育制度,项目人员受教育人数不足30%	75~100分	25	0.06	1.50	项目安全生产教育培训制度建立以及执行情况
		安全教育制度内容不合理,安全教育开展情况较差,人员受教育人数不足50%	50~75分				
		有安全教育制度,组织开展安全教育,但人员受教育人数不足70%	25~50分				
		安全教育制度齐全,按规定组织开展安全教育,人员受教育人数近100%	0~25分				
施工环境 X_7	气候条件 X_{72}	极端气候事件(如强风、强暴雨雪等)频发区域	75~100分	33	0.04	1.32	主要考虑风荷载、雪荷载对支撑结构、支撑基础以及外防护架等的影响
		极端气候事件多发区域	50~75分				
		极端气候事件偶发区域	25~50分				
		气候条件较好,基本不影响施工安全	0~25分				
评估得分						43.22	

4.5 评估结果

经过统计计算,专家小组评分分别为:50.24,55.30,52.71,45.55,43.22。平均得分为49.40。

根据《指南》中表1-0-8风险等级划分,该项目风险等级为Ⅲ级(较大风险)。

5 专家调查法评估

5.1 专家调查法简介

(1)成立5人评估专家组,专家组每个成员首先分别对工程规模、工程复杂性、人员管理、机电设备、安全设施与材料、日常管控、施工环境7个分项,按4个风险等级分别给出各分项评定分值 R_i,4个风险等级分别为:

等级Ⅳ(重大风险)(4 分)、等级 Ⅲ(较大风险)(3 分)、等级Ⅱ(一般风险)(2 分)、等级Ⅰ(低风险)(1 分)。

(2)每个专家对分项评估分值给出专家信心指数 W_i。专家信心指数由专家根据对评估内容的认识程度、类似工作经验、专业技术水平等给出。如认为自己的评估结果可靠,信心指数高,给出 $W_i=1$;对评估分项完全没有概念,给出 $W_i=0$;在两种情况之间,可视具体情况给出 $W_i=0\sim1$(小数点后取 1 位),见表 2-4-8。

专家信心指数对应表 表 2-4-8

信心描述	对评估内容非常熟悉,对评估结果很有信心	对评估内容比较熟悉,对评估结果比较有信心	对评估内容有一定了解,对评估结果有一定信心	对评估内容不太了解,对评估结果基本没把握
专家信心指数(W_i)	0.9 ~ 1	0.7 ~ 0.9	0.4 ~ 0.7	0.1 ~ 0.4

(3)用加权平均计算专家组每位专家的风险评估结果 D_r,然后在各专家成员评定等级的基础上,将各专家成员评定的 D_r 用算数平均数法计算得出平均的 $\overline{D_r}$。按照《指南》中表 1-0-6 确定项目复工安全风险等级。

5.2 专家调查法评估路线

专家调查法风险评估流程如图 2-4-3 所示。

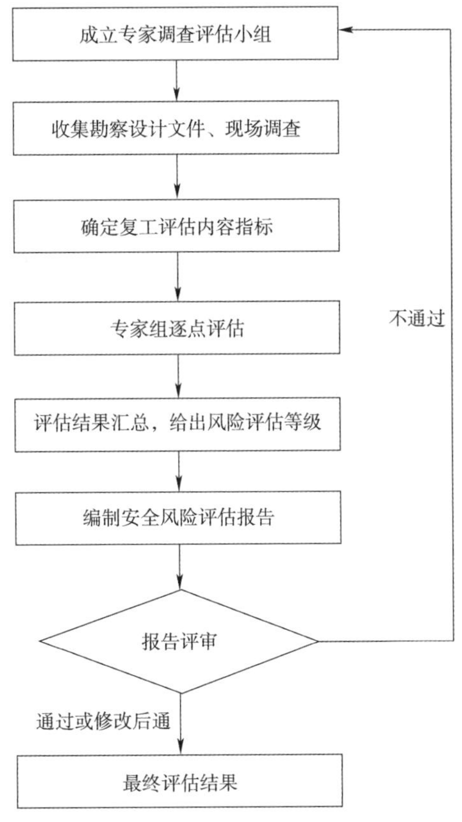

图 2-4-3 安全风险评估专家调查法流程图

5.3 专家调查法评估过程

每位专家根据项目的施工特点,从工程规模、工程复杂性、人员管理、机电设备、安全设施与材料、日常管控、施工环境7个分项对项目复工前的安全风险进行评估,并给出各自的信心指数。其评结果见表2-4-9～表2-4-13。

王××评估结果 表2-4-9

分　项	评估内容	分　值	信心指数	专家评估方法
1	工程规模	3	0.9	专家成员评定采用下列算式: $D_r = \sum(W_i \times R_i)/\sum W_i \quad (i = 1 \sim 7)$ 式中:R_i——分项评定等级(1～4); W_i——各专家评定信心指数(0～1.0); D_r——项目复工风险专家评分,评分高表示安全风险等级高
2	工程复杂性	3	0.8	
3	人员管理	2	0.6	
4	机电设备	3	0.5	
5	安全设施与材料	2	0.3	
6	日常管控	2	0.3	
7	施工环境	1	0.7	
评估得分				2.37

张××评估结果 表2-4-10

分　项	评估内容	分　值	信心指数	专家评估方法
1	工程规模	4	1	专家成员评定采用下列算式: $D_r = \sum(W_i \times R_i)/\sum W_i \quad (i = 1 \sim 7)$ 式中:R_i——分项评定等级(1～4); W_i——各专家评定信心指数(0～1.0); D_r——项目复工风险专家评分,评分高表示安全风险等级高
2	工程复杂性	4	0.8	
3	人员管理	1	0.8	
4	机电设备	4	0.8	
5	安全设施与材料	3	0.9	
6	日常管控	2	0.6	
7	施工环境	2	0.7	
评估得分				2.95

许××评估结果 表2-4-11

分　项	评估内容	分　值	信心指数	专家评估方法
1	工程规模	3	0.8	专家成员评定采用下列算式: $D_r = \sum(W_i \times R_i)/\sum W_i \quad (i = 1 \sim 7)$ 式中:R_i——分项评定等级(1～4); W_i——各专家评定信心指数(0～1.0); D_r——项目复工风险专家评分,评分高表示安全风险等级高
2	工程复杂性	3	0.8	
3	人员管理	2	0.5	
4	机电设备	2	0.6	
5	安全设施与材料	2	0.5	
6	日常管控	3	0.7	
7	施工环境	3	0.8	
评估得分				2.66

孙××评估结果 表 2-4-12

分　项	评估内容	分　值	信心指数	专家评估方法
1	工程规模	3	0.8	专家成员评定采用下列算式： $D_r = \sum (W_i \times R_i) / \sum W_i \quad (i = 1 \sim 7)$ 式中：R_i——分项评定等级(1~4)； W_i——各专家评定信心指数(0~1.0)； D_r——项目复工风险专家评分，评分高表示安全风险等级高
2	工程复杂性	3	0.8	
3	人员管理	2	0.8	
4	机电设备	3	0.5	
5	安全设施与材料	2	0.5	
6	日常管控	3	0.5	
7	施工环境	3	0.6	
评估得分				2.71

杨××评估结果 表 2-4-13

分　项	评估内容	分　值	信心指数	专家评估方法
1	工程规模	3	0.8	专家成员评定采用下列算式： $D_r = \sum (W_i \times R_i) / \sum W_i \quad (i = 1 \sim 7)$ 式中：R_i——分项评定等级(1~4)； W_i——各专家评定信心指数(0~1.0)； D_r——项目复工风险专家评分，评分高表示安全风险等级高
2	工程复杂性	2	0.9	
3	人员管理	3	0.8	
4	机电设备	3	0.7	
5	安全设施与材料	2	0.9	
6	日常管控	3	0.8	
7	施工环境	2	0.9	
评估得分				2.53

5.4 专家调查法评估结果

经过统计计算，专家小组评分分别为：2.37，2.95，2.66，2.71，2.53。平均得分为2.64。根据《指南》中表1-0-6中风险等级划分，该项目风险等级为Ⅲ级(较大风险)。

6 评估结论

(1)采用指标体系法对上海保华国际广场项目进行复工安全风险评估最终得分为49.10，根据风险等级划分，该项目风险等级为Ⅲ级(较大风险)。

(2)采用专家调查法对上海保华国际广场项目进行复工安全风险评估，最终得分为2.64，根据风险等级划分，该项目风险等级为Ⅲ级(较大风险)。

(3)根据评估指南规定，评估结果采用"就高不就低"的原则，最终评估上海保华项目风险等级为Ⅲ级(较大风险)。

(4)根据专家小组提出的措施进行完善整改，加强日常管理，加强监控监测，对检查出的问题进行全面专项整治，做好相应的应急准备工作，确保安全措施、责任、资金、时限、预案落实"五到位"，统筹协调好复工、防疫、质量和安全方面的关系，综合考虑安排好复工后需面对的风险。

7 对策措施及建议

(1)施工技术方面,加大“四新”技术和先进适用技术引进,积极开展相关科技创新工作(包括工法、QC、专利申报等)。

(2)在钢结构及PC构件吊装时,应在施工组织设计或安全策划、专项施工方案中明确作业的安全保障措施;现场存在多台塔吊施工作业的,应当编制群塔作业方案,并严格执行。

(3)危险性较大的分部分项工程,项目部各级领导要牢固树立“安全第一、预防为主”的思想,坚决贯彻“管生产必须管安全”的原则,把安全生产放在重要议事日程上,作为头等大事来抓,并认真落实“安全生产、文明施工”的规定。

(4)结合工程进展情况,及时开展风险源辨识与评价,并建立风险源动态清单。按照制度规定开展项目安全检查,检查记录签字应手续齐全;事故隐患要定人、定时间、定措施进行整改;安全隐患整改复查应及时;要建立违章处理登记台账等。

(5)施工现场所有临边高处作业(两个作业面高差大于等于2m均为临边高处作业)的洞口必须有可靠牢固安全的防护措施,并且必须有安全标志、标牌及警示牌等,安全标志、标牌及警示牌等应设在明显、不妨碍施工、不影响交通通道的位置,所有标志、标牌的材料必须合格,在施工前必须加以检查,确认其完好后方能投入使用,并定期进行检查确认其完好和安全性。

(6)夏季来临,要做好对高温、台风、飓风等不良天气的应急准备,防患未然;当发生台风险情时应由现场防台风指挥部统一指挥,各司其职,确保各项防台风命令的通畅下达并得到有效执行。台风来临前,根据台风风力大小,台风最大风力的来临时间、台风走向等不同特点,制订针对性强的应对措施;准备好抗台风抢险物资和器材,对现场所有的施工用具设施、设备、临建进行加固,做好隐患消除、人员和财物的安全转移,增加安全巡查密度,特别是对易出险情的部门加强巡视。

(7)疫情期间,所有施工人员在工作中必须正确佩戴口罩(中途不得吸烟),管理人员安排工作尽量避免同一工作面存在多人员施工的情况。上班期间严禁工人之间、管理人员之间相互聊天,避免病毒飞沫传播。

(8)每天上班提前对办公室、工作面、会议室、楼梯、卫生间等公共区域进行喷雾消毒或用84消毒液消毒;每个区域的保洁用具要分开,避免混用,交叉感染;办公室座机电话或手机每日用75%的酒精擦拭2次,如果使用频繁则增至4次。